قطر
في عيون
الرحالة

قطر في عيون الرحالة

د. علي بن غانم الهاجري

دار جامعة حمد بن خليفة للنشر
HAMAD BIN KHALIFA UNIVERSITY PRESS

دار جامعة حمد بن خليفة للنشر
صندوق بريد 5825
الدوحة، دولة قطر

www.hbkupress.com

جميع الحقوق محفوظة.

لا يجوز استخدام أو إعادة طباعة أي جزء من هذا الكتاب بأي طريقة دون الحصول على الموافقة الخطية من الناشر باستثناء حالة الاقتباسات المختصرة التي تتجسد في الدراسات النقدية أو المراجعات.

الطبعة الثانية عام 2020

الترقيم الدولي: 9789927141294

تمت الطباعة في الدوحة-قطر.

مكتبة قطر الوطنية بيانات الفهرسة – أثناء – النشر (فان)

الهاجري، علي بن غانم، مؤلف.

قطر في عيون الرحالة / د. علي بن غانم الهاجري. - الطبعة العربية الثانية. – الدوحة، دولة قطر : دار جامعة حمد بن خليفة للنشر، 2020.

صفحة ؛ سم

تدمك 978-992-714-129-4

1. قطر -- تاريخ. 2. قطر -- وصف ورحلات. أ. العنوان.

DS247.Q35 H35b 2020

953.63– dc23

201927544746

بسم الله الرحمن الرحيم

﴿رَبِّ اجْعَلْ هَذَا البَلَدَ آمِنًا﴾

(سورة إبراهيم: الآية 35)

إهداء

إلى من سَرَت في كياني، وصاحبتني وأنا أعيش كل لحظة من أيامي... قَطَر.

إلى الفكرة التي تَجذَّرَت في أعماقي فرافقت أنفاسي، وهي التعبير عنكِ وإبراز حقيقتكِ الجميلة... قَطَر.

إلى سندي ومصدر قوتي وعزمي... قَطَر.

إلى منبع المحبة والعطاء... قَطَر.

إلى معين الإلهام ومراد القلم والكتاب والبيان، التي لولاها لتوقَّف حبر قلمي... قَطَر.

إلى قطر التي لا تموت.

***

إهداء

إلى مَن حمل شُعلة الفكر وهَّاجة، ومصابيح الثقافة وضَّاءة.
إلى هامة مضر، ورأس العزة والفخر.
إلى رجل السلام.
إلى نهر الكرم، وأصيل النسب، سليل العرب.
سيدي وأميري تميم المجد.

❊❊❊

المحتويات

استهلال: في حب قطر 13

مقدمة 17

الفصل الأول: التسمية والموقع 23
    أولًا: التسمية 23
        1- المعنى اللغوي 23
        2- التسمية وعلاقتها بالنشاط البشري في المنطقة 25
        3- ورود التسمية في المصادر التاريخية 38
    ثانيًا: قطر والبحرين بين الدلالة اللفظية والحدود الجغرافية 41

الفصل الثاني: المحطات التاريخية لقطر عبر العصور 45
    تمهيد 45
    أولًا: المحطات التاريخية لقطر أثناء عصور ما قبل الميلاد 48
        1- علاقة قطر بالعراق وبلاد الشام والبحرين وعُمان والحجاز ومصر .. 48
        (أ) العلاقات فيما قبل الألف الخامس قبل الميلاد 48
        (ب) العلاقات في النصف الثاني من الألف الخامس قبل الميلاد 49
        (ج) العلاقات في النصف الثاني من الألف الرابع قبل الميلاد 49
        2- علاقة قطر بالحضارة الآشولية (في حدود القرن السادس قبل الميلاد) .. 50
        3- علاقة قطر بحضارة العبيديين (الألفان الخامس والرابع قبل الميلاد) .. 51
        4- علاقة قطر بحضارة الوركاء (الألف الرابع قبل الميلاد) 53
        5- علاقة قطر بحضارة سلالة لجش (الألف الثالث قبل الميلاد) 53

6- علاقة قطر بحضارة بلاد الرافدين والهند (نهاية الألف الثالث وبداية الألف الثاني قبل الميلاد) 54

7- علاقة قطر بحضارة الكيشيين (الألف الثاني قبل الميلاد) 55

8- علاقة قطر بحضارة اليونان والرومان (الألف الأول قبل الميلاد) 55

ثانيًا: المحطات التاريخية لقطر بعد الميلاد 58

1- النزوح العربي إلى المنطقة الشرقية للجزيرة العربية 59

(أ) النزوح قبل الميلاد 59

(ب) النزوح بعد الميلاد 60

2- الأوضاع السياسية 60

3- الوضع الديني 63

ثالثًا: المحطات التاريخية في العصر الإسلامي 66

1- عصر صدر الإسلام 67

(أ) دخول قطر في الإسلام 67

(ب) الرِّدة 70

2- قطر في صدر الإسلام 72

(أ) قطر القاعدة الحربية للإسلام 72

(ب) قطر القاعدة العسكرية البحرية الأولى في الإسلام 73

(ج) قطر قاعدة إمداد الجيش الإسلامي 74

(د) مشاركة أهل قطر في الفتوحات الإسلامية 75

3- العصران الأموي والعباسي 76

(أ) المعارضة في العصرين الأموي والعباسي 76

(ب) قطر رباط الإسلام في العصرين الأموي والعباسي 79

(ج) قطر المركز الاقتصادي في العصرين الأموي والعباسي 80

الفصل الثالث: الأوضاع الاقتصادية 83

تمهيد 83

أولًا: الزراعة والثروة الحيوانية 85

1- الزراعة 85

2- الثروة الحيوانية	87
ثانيًا: التجارة	88
1- أهمية موقع قطر التجاري	88
2- شهرة قطر في مجال التجارة منذ العصور القديمة	90
3- تميُّز التُّجار القطريين	92
4- المنافذ البحرية	97
5- نظام العشور	100
6- أهم البضائع الصادرة والواردة	101
ثالثًا: الصناعة	104
1- مقومات الصناعة	104
(أ) المواد الخام	104
(ب) الأيدي العاملة	105
(ج) السوق	105
2- تطور الصناعة	106
3- أهمُّ الصناعات الحرفية	107
(أ) صناعة المنسوجات	107
(ب) صناعة الأسلحة	110
(ج) صناعة الفخار والخزف	111
(د) صناعات أخرى	114

الفصل الرابع: الطرق التجارية ... 115

أولًا: نشأة البحرية	115
1- نشأة البحرية في الخليج العربي	115
2- بحرية قطر	117
(أ) شُهرة قطر البحرية	117
(ب) شُهرة الموانئ القطرية	118
(ج) الأسطول القطري	119

(د) المعرفة القطرية بالعلوم البحرية	119
ثانيًا: الطرق البحرية	120
1- الطريق البحري الذي يربط شرق إفريقيا بقطر	121
2- الطريق البحري الذي يربط العراق بقطر	124
3- الطريق البحري الذي يربط اليمن بقطر	124
4- الطريق البحري الذي يربط جلفار بقطر	125
5- الطريق البحري الذي يربط الكويت بقطر	126
6- الطريق البحري الذي يربط سيراف بقطر	126
7- الطريق البحري الذي يربط الهند والصين بقطر	126
ثالثًا: الطرق التجارية البرية	131
1- طريق العراق قطر	132
2- طريق عُمان قطر	133
3- طريق اليمن قطر	134
(أ) طريق حضرموت قطر	134
(ب) طريق صنعاء اليمامة قطر	134
(ج) طريق عدن قطر	136
(د) طريق صعدة قطر	136

خاتمة	**139**
قائمة المصادر والمراجع	**143**
أولًا: المصادر	143
ثانيًا: المراجع	155
• الكتب الغربية والمعربة	155
• تقارير البعثات	165
• الأدلة الأثرية	166

استهلال
في حب قطر

لؤلؤة تُرصِّع تاج الخليج، وقفت صخور شامخة تذود عن حياض جوهرها النبيل، وقد تناثرت حبات رمالها الذهبية تحتضن لون الشمس فوق خمارها القشيب، وهي ترهف السمع لهمسات البحر العاشق لشاطئها تحملها أمواج في حوار سرمدي لم يفتر يومًا مرددًا ما أجملكِ يا قطر.

بلاد الحب والسلام، تشع بهاءً على صفحة الخليج، وتبارك قصة عشق السماء للبحر في مشهد يتجلَّى فيه إبداع الخالق سبحانه أمام ناظرَي كل ذي بصيرة وفطرة لا تزالان تدركان جوهر الجمال والإبداع.

قطر... أميرة الخليج التي لم تشرق الشمس على ثوب لها مرَّتين، أغشى سناها ناظرَي الصُّبح فتنفَّس في تؤدة، وتوضأ بمياه بحرها اللؤلؤي، قبل أن يجلل رمالها الذهبية بلجين نداه. وما إن تصل الشمس التي احترق قلبها شوقًا للقاءٍ بأرض اللؤلؤ الفضي والرمل الذهبي، حتى يُفسح لها الصُّبح الطريق لتبث ما جاش به قلبها لأرض البهاء والسلام. إلى أن تحين لحظة الفراق، حين تدق ساعة الغروب، فتبكي على فراق الحبيب دمًا يكسو صفحة الكون في لحظة مهيبة، تحمل كل معاني الألم الذي لا يُخفف من وطأته إلا الأمل والرجاء في لحظة إشراق جديد في يوم جديد تحمل نسماته حوار الحب الدائم مع أرض السلام والبهاء... قطر.

الحديث عنكِ يا قطر ذو شجون، يقف القلم حائرًا يُقلِّب مفردات اللغة وآيات الفصاحة والبيان، باحثًا عما يحمل ما يختلج بالفؤاد من مشاعر، فلا يجد ما يكافئها إلا رمزًا.

شعور يغمر أفئدة أبنائها الذين لم يتوانوا يومًا عن التعبير عنه ببذل النفس قربانًا لهذا البلد العزيز، وعرفانًا بفضله عليهم، وخيراته التي لم تنقطع يومًا عنهم.

ما أروع ما كتب الشيخ جاسم بن ثاني آل ثاني، تعبيرًا عما يجيش في صدور أبناء قطر تجاه وطنهم الغالي، حين قال:

ألا كُـل الـنـايـمـيـن تـوعـوا لأن الـغـيـب لـه شـؤون
وكـم مِـن داهـيـات دَهـتـنـا وأولادُ نـفـيـع لـهـا صـدوم
وكـم مِـن مُعتدٍ اعـتـدى علينا جَعلنا الأرض لـراسـه دَفين
أولاد قـطـر كـهـولًا وشُـبـانًـا لـقـطـر دِرع حَـصـيـن
لـهـم مـجـد قـديـم تَـوارثـوه مِـن أسـلافـهـم قـدمًـا قديم

إنها قطر، قبلة المظلوم، وملجأ الملهوف، ومهوى أفئدة أصحاب الأحلام العظيمة والعزائم الصادقة، أرض الحلم والأمل، أرض العلم والإيمان، أرض الأصالة والتجديد، أرض العدل والرحمة، أرض قوة الحق وليس حق القوة، أرض الصَّفح والغفران حتى مع مَن لم يُقدِّروا لها حلمها وجهلوا عليها فما زادها جهلهم إلا حلمًا وشموخًا وترفُّعًا عن الصغائر، وما تغيَّرت ولا غيَّرت.

كلمات اعتملت في صدري، وفاضت على لساني، لعلَّها تُعبِّر عن جزء يسير مما أحمله من مشاعر تجاه بلد عظيم. أسعى من خلال هذه الدراسة أن أُسلِّط الضوء على بعضٍ من ملامح عظمته، التي شهد له بها ثلة من عيون

الرَّحالة والمؤرخين الذين مروا به ورصدوا لآلئ عظمته تسمو فوق تاج الميراث الإنساني الحضاري لهذه المنطقة.

فتقبَّل مني يا وطني وعزي ومصدر فخري وسؤددي كلمة عشق ينبض بها قلب أحد أبنائك.

علي بن غانم الهاجري

قوانغتشو، الصين 2018م

مقدمة

منذ أشرقت شمس قطر، وسمات الحضارة والنشاط الإنساني تدب بين جوانبها، فبدأت حوار الأخذ والعطاء مع محيطها الإنساني، لتقيم وشائج التواصل الحضاري المثمر مع التجمعات البشرية المحيطة بها، ولتترك بصمتها جليَّة داخل منظومة التراث الإنساني على مدى العصور والأزمنة والحقب الحضارية المتتالية التي شهدتها هذه المنطقة التي ضمت بين جوانحها خطوات الإنسان الأولى في مسار الحضارة والتعمير والاكتشاف، فانفتحت على كثير من الحضارات والثقافات الموجودة آنذاك، ونهلت من معين ذخائرها، وتعاطت مع إبداعاتها على اختلاف مشاربها وملامحها، من بابلية إلى آشورية وكلدانية وعبيدية وفرعونية، في تلاقح فكري، وتعاون حضاري لا يتوقف معها جميعًا، خصوصًا تلك الحضارات التي تعاقبت على أرض بلاد الرافدين، وهو الأمر الذي أكدته الاكتشافات الأثرية الحديثة التي أماطت اللثام عن ذلك المخزون التراثي للنشاط البشري في هذه المنطقة، والذي من خلال طبيعته، والمواد المستخدمة فيه آنذاك، تبيَّن لنا حجم التواصل الحضاري مع المنجز الإنساني في ذلك الزمن، الذي جادت به قرائح أبناء الحضارات سالفة الذكر، والتي يبدو أن إنسان قطر حينها لم يكن بمعزل عنها، وكان متفاعلًا معها بشكل إيجابي لم ينقطع في أي مرحلة تاريخية منذ آلاف السنين.

هذا ما تحاول هذه الدراسة الكشف عنه من خلال رصد دقيق لتاريخ قطر، عبر حقب تاريخية موغلة في القدم، وطبيعة النشاط الذي مُورس على

17

أراضيها، وشكل التواصل الحضاري مع المحيط الجغرافي لها. وقد تسلَّحنا في هذه الرحلة بما خطَّه بعض المؤرخين القدماء عن هذه الموضوعات، وما سجَّله الرَّحالة والأثريون عن هذه المنطقة، وقد استطعنا من خلال كتاباتهم سد الثغرات، وملء ما سكتت عنه الكتابات التاريخية، فضلًا عن محاولة الربط بين كل هذه المتفرقات من التسجيلات المدوَّنة لصياغة مشهد ذي دلالة لما كانت عليه طبيعة الحياة والنشاط الحضاري لهذا البلد، وما أبدعه ساكنوه من منجزات حضارية داخل مشهد الإنجاز الحضاري الإنساني العام.

إنه الدرس الذي يُقدِّمه الماضي للحاضر ليواصل المسير، ولا يتوانى عن الإنجاز، ليكون ذلك المشهد التاريخي الجليل لهذا البلد العظيم خير دافع للقطري اليوم لمواصلة طريق الإنجاز الحضاري الذي لم يتوقَّف الأسلاف يومًا عن السير فيه، وتأكيدًا لقيمة التعاون الإيجابي، والتلاقح الثقافي بين الحضارات والثقافات الذي يعود بالخير على العالم بأسره، تبعًا لسُنة الله سبحانه في خلقه، وفق قانون الاختلاف الساعي نحو تحقيق التعارف، فيقول سبحانه: ﴿**يَا أَيُّهَا النَّاسُ إِنَّا خَلَقْنَاكُمْ مِنْ ذَكَرٍ وَأُنْثَى وَجَعَلْنَاكُمْ شُعُوبًا وَقَبَائِلَ لِتَعَارَفُوا إِنَّ أَكْرَمَكُمْ عِنْدَ اللهِ أَتْقَاكُمْ إِنَّ اللهَ عَلِيمٌ خَبِيرٌ**﴾ (الحجرات:13).

تسعى هذه الدراسة، إضافةً إلى ذلك، إلى دفع ظلم جلي، وجور فاضح، طفحت بهما ألسنة بعض من تعرَّضوا لتاريخ هذا البلد العظيم، مفتقدين أدنى درجات التوازن في الطرح، والموضوعية في البحث، وقد انهالت على ألسنتهم الأكاذيب والأباطيل والادعاءات التي ما أنزل الله بها من سلطان، ففضح خبث اللسان ما تُخفي القلوب من الشنآن، وما تنطوي عليه النوايا من الزيف والبهتان، والميل عن جادة طريق البحث العلمي الساعي نحو اكتشاف الحقيقة بتجرُّد كامل عن كل نوازع الهوى والانحياز المتعصب الأعمى الذي يجافي مُسلَّمات ومقتضيات البحث الجاد.

طفحت كتاباتهم بأحكام انطباعية لا تستند إلى دليل أو حجة، ليقعوا في شرك التدليس الذي يُسيء إليهم قبل أن يُسيء إلى تاريخ بلد عظيم، دبروا للنيل منه، والحط من قدره.

تهدف هذه الدراسة إلى تقديم عرض شامل ومُجمل غير مفصل، لتاريخ قطر، خصوصًا الفترة الممتدة من عصور ما قبل الإسلام، وحتى العصر العباسي الأول، حيث أردت أن تكون مدخلًا حضاريًّا لتاريخ هذا البلد، وخطوة نحو فهمه في إطار سليم - وليس مجرد سرد للأحداث والأسماء والأوضاع - انطلاقًا من كونه كيانًا تاريخيًّا يمتد عبر العصور، في حدود ما توفر لدينا من معرفة به حتى الآن، والتي تتسع يومًا بعد يوم كلما عثر المنقبون على أثر جديد يميط اللثام عن ملامح عصر من عصور هذا البلد.

وفي حدود هذا الإطار الحضاري سارت الدراسة في خطين متوازيين ومتلازمين:

فيما يخص الخط الأول، حاولت الدراسة أن تُجيب عن عدد من التساؤلات التي لم تُطرح حتى الآن بصورة تُضاهي أهميتها، أو التي لم تحظَ بالبحث العلمي الجاد والمنهجي، ولم تتجاوز الطرح النمطي الشكلي الذي يكتفي بتقديم هذه المسائل دون مناقشتها، ودون توضيح موقعها من تاريخ المنطقة ضمن إطار المشهد التاريخي العام الذي لا يمكن أن تنفصل عنه القسمات الخاصة بأي بلد يدخل ضمن فسيفساء الصورة العامة للمشهد المستند إلى عنصرَي البُعد الزمني، والنطاق الجغرافي. وفي هذا الصدد كانت التساؤلات الرئيسية التي طرحتها الدراسة هي: أين تقف قطر من المسار الحضاري الذي عرفته الجزيرة العربية في العصور القديمة؟ ومتى ظهرت هوية قطر اسمًا وحضارة؟

أما الخط الآخر، فهو يخص مصادر الدراسة، وكان هدفنا من ذلك نقل تاريخ قطر إلى دائرة الاعتماد على المصادر الجادة الموثقة. فسارت مصادر ومراجع الدراسة في اتجاهين: يعتمد الأول على كُتب الرَّحالة والجغرافيين الذين اعتبرناهم شهود عيان على هذه الحقب التاريخية، لأنهم يعتمدون منهج المشاهدة المباشرة والتسجيل المباشر لجميع الأحداث التي يعاصرونها أو ينقلونها عن معاصرين لها. أما الاتجاه الثاني، فهو ما يتجلَّى في عنوان هذا الكتاب: «قطر في عيون الرَّحالة والأثريين»، حيث تُشير الكلمة الأخيرة في العنوان - الأثريين - إلى خبراء الآثار والبعثات الأثرية؛ أي الاعتماد على ما كتبه المتخصصون في الآثار، من تقارير البعثات والأدلة الأثرية، ودراسات خبراء الآثار، وكذلك البحوث التي اهتمت بالنقوش.

وقد انتهجت هذه الدراسة المنهج العلمي الرصين القائم على رصد الأدلة، وجمع المعلومات بدقة وتجرُّد، ثم تحليلها، والتأكد منها، وصولًا إلى مرحلة الاستنتاج والاستنباط لسد الثغرات المعرفية المتعلِّقة بتاريخ هذه المنطقة.

أما فيما يتعلَّق بالقضايا المعرفية التي تعدَّدت حولها الآراء، فسنستعرض كل ما ورد منها، ثم نفاضل بينها، أو نُقدِّم طرحًا جديدًا - إن توفر لنا ذلك - لا سيما أن التحدِّي الذي يواجه هذه الدراسة حول هذه الموضوعات هو ندرة المادة المتاحة، حيث لم يكن التدوين من تقاليد هذه المنطقة، وما جرى تدوينه من معلومات لم يتعدَّ كونه غيضًا من فيض، لا يروي ظمأ السائل الذي يبحث عن أجوبة حول كثير من الأحداث والنشاطات في هذه المنطقة، ولعل ما سجَّله الرَّحالة الذين مروا بها يكون خير دليل وهادٍ لنستدل به على ما خفي من دروب الطريق، ونسبر أغوار رحلة الاكتشاف، وهو الهدف الأسمى لهذه الدراسة.

ويُمثِّل المزج بين ما سجَّله الرَّحالة من جهة، وما دوَّنه بعض المؤرخين القدامى، علامات على طريق هذا البحث، لرسم صور مكتملة لما كانت عليه الحياة في هذه المنطقة عبر حقب تاريخية امتدت إلى ما يربو على آلاف السنين.

ستكون محطتنا الأولى مع تسمية قطر، والآراء التي ارتبطت بهذه القضية، التي بلغ بعضها من السطحية حدًّا لا يُقبل، ومن ثَمَّ كان طرح القضية لإزالة اللبس حول هذا الأمر، وتقديم وجهة نظر رصينة حياله. ثم التقدُّم نحو أولى خطوات الاستيطان البشري بها، وتحديد النطاق الجغرافي الدقيق لمصطلح قطر، ثم التطرُّق إلى مشاهد التواصل الحضاري والتلاقح الثقافي بين الإنسان القطري القديم والمحيط الثقافي والحضاري الذي عاش في كنفه، وتفاعل معه بإيجابية للوصول إلى الدور الحضاري، والبصمة التي ساهم من خلالها هذا البلد العريق في مسيرة المعرفة الإنسانية على مدى الأزمان.

ولعل هذا الرصد للدور الحضاري لقطر يُمثِّل خير ردٍّ على أولئك الذين حادوا عن طريق البحث العلمي الجاد، وحرَّفوا الكلم عن مواضعه، ولووا عنق الحقيقة التاريخية الدامغة، لا لشيء إلا لهوى وحقد دفين، لوثا نفوسهم، وأفسدا عقولهم، فبثوا السموم تجاه هذا الوطن الذي لم يُقدِّم لمن حوله سوى الخير. وتؤكد هذه الدراسة أن مثل هذا الوطن الشامخ لا يضيره أن يُقذف بأحجار الشانئين المتربصين به، ممن أعمى الحقد بصائرهم، فما ربحت تجارتهم، وما كانوا مهتدين، وباءوا بالخسران العظيم.

وختامًا، تسعى هذه الدراسة إلى بحث علمي جادٍّ وأصيل، يُوثِّق الحقائق، ويمحو الأباطيل.

وعلى الله قصد السبيل.

الفصل الأول
التسمية والموقع

أولًا: التسمية

تعدَّدت الآراء حول مصدر اسم قطر، ومعناه، وتاريخه، والمراحل التي مر بها النطاق الدلالي له، وهل استُخدمت أسماء أخرى للدلالة على النطاق الجغرافي المشار إليه بكلمة «قطر».

سنسعى لتوضيح هذه الأمور من خلال ما توفر لنا من مصادر. وسنبدأ في البداية بالتعرُّف على المعنى اللغوي لكلمة قطر، كما ورد في المعاجم العربية.

1- المعنى اللغوي

يُقال: قَطَرَ الماءُ والدَّمعُ وغيرهما من السَّيَّالِ، يَقْطُر قَطْرًا وقُطُورًا وقَطَرانًا وأَقْطَر، الأخيرةُ عن أبي حنيفة، وتَقاطَرَ. أنشد ابن جني: كأنه تَهْتانُ يومِ ماطرِ.. من الربيعِ دائم التَّقاطُرِ[1]. والقَطْرُ: المَطَرُ. والقِطارُ: جمع قَطْرٍ وهو المطر. والقَطْرُ: ما قَطَرَ من الماء وغيره، واحدته قَطْرة، والجمع قِطار. وسحابٌ قَطُورٌ ومِقْطار: كثير القَطْرِ[2]. والقُطْر الناحية والجانب، والجمع

(1) ابن منظور، أبو الفضل جمال الدين محمد بن مكرم بن علي بن منظور الأنصاري الرويفعي الإفريقي (ت: 711هـ/ 1311م)، لسان العرب، دار صادر - بيروت، الطبعة الأولى، 1414هـ، ج5، ص105.

(2) ابن منظور، لسان العرب، ج5، ص105.

أَقْطار، وفي التنزيل العزيز: ﴿يَا مَعْشَرَ الْجِنِّ وَالإِنْسِ إِنِ اسْتَطَعْتُمْ أَنْ تَنْفُذُوا مِنْ أَقْطَارِ السَّمَاوَاتِ وَالْأَرْضِ فَانفُذُوا لَا تَنْفُذُونَ إِلَّا بِسُلْطَانٍ﴾ (الرحمن: 33). وأقطارُها: نواحيها. وطَعَنه فَقَطَّرَه: ألقاه على قُطْرِه، أي جانبه، فَتَقَطَّر[1]، أي سقط. والقُطر: الجانب والشق، وفي حديث عائشة تَصِفُ أباها، رضي الله عنهما: «قد جمع حاشِيَتَيْه وضَمَّ قُطْرَيْه»، أي جمع جانبيه عن الانتشار والتَّبَدُّدِ والتَّفَرُّق[2]. وتَقَطَّرَ هو: رَمى بنَفْسه من عُلْوٍ. وتَقَطَّر للقتال تَقَطُّرًا: تَهَيَّأَ وتحَرَّقَ له. والقِطارُ: أن تَقْطُر الإِبل بعضها إِلى بعض على نَسَقٍ واحد. وفي حديث ابن سيرين: أنه كان يكره القَطَرَ. قال ابن الأثير: «هو بفتحتين أن يَزِنَ جُلَّةً من تمر أو عِدْلًا من متاع أو حَبٍّ ونحوهما ويأْخُذَ ما بقي على حساب ذلك ولا يزنه، وهو المُقاطَرة. وقيل: هو أن يأْتي الرجل إِلى آخر فيقول له: بعني ما لك في هذا البيت من التمر جُزافًا بلا كيل ولا وزن، فيبيعه، وكأنه من قِطارِ الإِبل لاتِّباع بعضه بعضًا»[3].

سميت قطارة وبيت قطري وقطر، والمعنى متقارب، فتعني: قُطَارَةَ الحُبِّ، فقد قيل: القُطَارَةُ: ما قَطَرَ من الحُبِّ ونَحْوِه[4]. والقَطَرُ يعني كذلك العُودُ الذي يُتَبَخَّرُ بِهِ[5]. وقيل أيضًا تقطر فلان: رمى بنفسه من علو، وبفلان

(1) ابن منظور، لسان العرب، ج5، ص105.
(2) ابن منظور، لسان العرب، ج5، ص105.
(3) ابن منظور، لسان العرب، ج5، ص105.
(4) الأزهري، أبو منصور محمد بن أحمد (ت: 370هـ/ 980م)، تهذيب اللغة، تحقيق: محمد عوض مرعب، دار إحياء التراث العربي - بيروت، ج12، ص141؛ الرازي، محمد بن أبي بكر بن عبد القادر (ت: 660هـ/ 1261م)، مختار الصحاح، تحقيق: محمود خاطر، مكتبة لبنان ناشرون - بيروت، 1415هـ/ 1995م، ص642؛ ابن منظور، لسان العرب، ج5، ص105؛ مرتضى الزبيدي، أبو الفيض محمد بن محمد بن عبد الرزاق الحسيني (ت: 1205هـ/ 1790م)، تاج العروس من جواهر القاموس، تحقيق: مجموعة من المحققين، دار الهداية، ج13، ص443.
(5) الأزهري، تهذيب اللغة، ج9، ص7.

فرسه ألقاه على قطره، والرجل عن كذا تخلف، وتهيأ للقتال وتحرق له. واستقطر الشيء: رام قطرانه، وفلان الخير ناله شيئًا بعد شيء. وقِطارةُ جمال، القِطارَةُ والقِطارُ أن تُشَدَّ الإبلُ على نَسَقٍ واحد خَلفَ واحد. وقَطَرَ الإبلَ يَقْطُرها قَطْرًا وقَطَّرها: قَرَّب بعضَها إلى بعض على نَسَقٍ. تقاطر القوم: جاءوا أرسالًا. قطر في الأرض قُطورًا: ذهب فأسرع. قَطَرٌ: موضع بالبحرين. قال عَبْدَةُ بن الطبيب: «تَذَكَّرَ ساداتُنا أهْلَهُمْ، وخافوا عُمانَ وخافوا قَطَرْ». والقِطْرِيَّة: ضرب من البُرود[1]. وفي الحديث أنه عليه السلام، كان مُتَوَشِّحًا بثوب قِطْري. وفي حديث عائشة: قال أيْمَنُ دَخَلْتُ على عائشة وعليها دِرْعٌ قِطْرِيٌّ ثَمَنُه خمسة دراهم[2].

من خلال هذه الدلالات التي حملها المعجم العربي لكلمة قطر، نجد أن هذا الجذر اللغوي ينطوي على دلالة مركزية تتفرَّع عنها دلالات فرعية، هذه الدلالة المركزية هي حركة السقوط والانحدار من أعلى إلى أسفل مع التوالي والتقارب والكثافة والسرعة، وتلك هي المعاني الفرعية المرتبطة بالمعنى الأصلي، والمكملة لطبيعته.

2- التسمية وعلاقتها بالنشاط البشري في المنطقة

كما رأينا في النقطة السابقة، فإن هطول المطر هو النموذج الأبرز والأدق للتعبير عن فعل التقاطر، حيث تتضمن حركة هطول المطر من السماء إلى الأرض جميع المعاني المشار إليها حول مفهوم ودلالة مادة «قطر»، فهو هطول متوالٍ لحبات مياه متقاربة وكثيفة وسريعة الإيقاع.

---

(1) إبراهيم مصطفى وأحمد الزيات وحامد عبد القادر ومحمد النجار، المعجم الوسيط، تحقيق: مجمع اللغة العربية، دار الدعوة، ج2، ص744.

(2) عن المنسوجات القطرية، ينظر الفصل الثالث.

ومن ثَمَّ، يمكننا الارتياح لارتباط اسم قطر بظاهرة المطر الكثيف الذي كان يميز هذه المنطقة التي أثبتت الدراسات الجيولوجية الحديثة أنها كانت منخفضة، وأنها ارتفعت عما كانت عليه في القرن الرابع قبل الميلاد بمقدار مترين[1].

واستنادًا إلى هذه المعلومات، يمكننا تصوُّر مدى جاذبية هذه المنطقة غزيرة المطر للرَّحالة والصيادين من كل حدب وصوب، وبأعداد ليست قليلة، أثناء موسم الأمطار، الذي تشهد فيه هذه المنطقة انحسارًا لمياه البحر خلال مرحلة الجزر، ومن ثَمَّ تكون منطقة غنية بمياه الأمطار، وبخيرات البحر التي استقرت على شاطئها بعد أن انحسرت المياه مُخلِّفة الأصداف والمحار وبعض الأسماك.

ويمكننا تأكيد ذلك من خلال رصد سريع لبعض نتائج الاكتشافات الأثرية الحديثة لعدد من المواقع الأثرية القطرية، التي عن طريقها نستطيع تأكيد هذه الفرضية التي تربط اسم قطر بطبيعة النشاط البشري الذي عُرفت به هذه المنطقة منذ عهود تاريخية سحيقة، حيث إن شُهرتها بأنها منطقة هطول غزير للأمطار وتجمُّع للمياه والثروات البحرية، جعلتها مهوى أفئدة الرعاة والصيادين الذين كانوا يتقاطرون عليها.

وكما ذكرنا آنفًا، فقد اعتمدنا نتائج البحث الأثري الذي قامت به عدة بعثات كشفية لعدد من المواقع الأثرية في قطر، والتي تُبرز لنا طبيعة النشاط البشري في هذه المنطقة أثناء الحقب التي امتدت، وفق ما أسفرت عنه الاكتشافات الأثرية، إلى عشرة آلاف عام قبل الميلاد.

---

[1] منير يوسف طه، اكتشاف العصر الحديدي في دولة الإمارات العربية المتحدة، مركز دراسات الخليج العربي - جامعة البصرة، 1989م، ص211.

عُثر على آثارٍ لذلك النشاط البشري الموغل في القدم، تعود إلى العصور الحجرية الثلاثة، على طول ساحل شبه الجزيرة القطرية، وخصوصًا الساحل الغربي. وكان موقع «عسيلة»، بالقرب من «أم باب»، على بُعد اثني عشر كيلومترًا شمال شرق منخفض جيبجب، من أقدمِ المواقع التي عُثر فيها على آثارٍ لنشاط إنساني موغل في القدم، حيث تمكّنت البعثتان الدنماركية والفرنسية من اكتشاف عدد من المشغولات الحجرية المستخدمة في صناعة أسلحة الصيد وأدواته، التي يعود تاريخها إلى نهاية العصر الحجري القديم، أي في الفترة من عشرة آلاف إلى ثمانية آلاف سنة قبل الميلاد[1].

كما عُثر على مستوطنة تحتوي على بعض الأدوات في موقع «الوسيل»، وقد أرجعت البعثة الدنماركية زمن الاستيطان في منطقة الوسيل إلى العصر الحجري الحديث[2].

إضافةً إلى ذلك، عُثر على أطلال بناء دائري يعود تاريخ تشييده إلى الفترة ما بين عام 5000 قبل الميلاد وعام 4000 قبل الميلاد بموقع «شقرة»[3] جنوب شرق قطر.

---

(1) البعثة الفرنسية، المجلد (2)، ص21؛ الصفدي، الدليل الأثري، ص557.

(2) فيجيو فيلسن، آثار صوانية من العصر الحجري الوسيط بمنطقة الوسيل في قطر، مجلة «Kum»، الدنمارك، 1961م، ص164؛ الأحمدي، سامي سعيد، تاريخ الخليج العربي من أقدم الأزمنة وحتى التحرير العربي، جامعة البصرة - البصرة، 1985م، ص68.

(3) البعثة الفرنسية المجلد (2)، ص26.

آثار بقايا غرف دائرية في موقع «الوسيل»

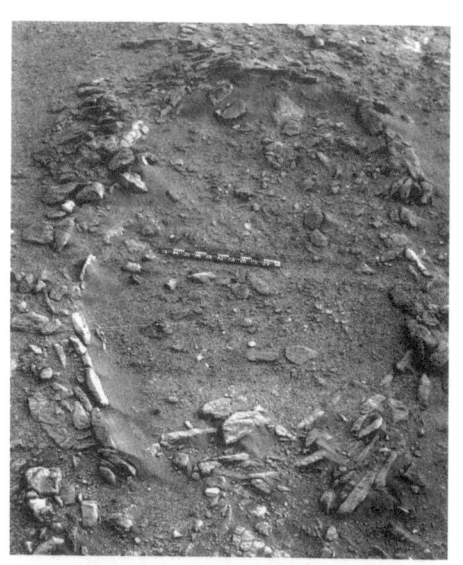

بناء دائري في موقع «شقرة»

وتمكَّنت البعثة الدنماركية من العثور على قطع أثرية بمنطقة «الخور» المطلة على الساحل الشرقي لدولة قطر، وهي عبارة عن أدوات صيوانية ذات

وجهين، وشظايا حجرية ذات سن مدببة، وغيرها من الأدوات المستخدمة في الصيد، والتي يعود تاريخها إلى حقبة العصر الحجري الوسيط (في حدود القرن الخامس قبل الميلاد)[1].

وفي الفترة ذاتها الممتدة بين القرنين الخامس والرابع قبل الميلاد اكتُشف منزل مكوَّن من غرفتين في موقع «الزرقا» في الناحية الجنوبية الشرقية لشبه جزيرة قطر، وذلك فوق أحد مرتفعات تلك المنطقة[2].

وعثرت البعثة الدنماركية في موقع «أم طاقة» على أدوات أخرى تعود إلى العصر الحجري الوسيط[3].

أدوات الشظايا البيضاوية

___

(1) البعثة الفرنسية المجلد (2)، ص26؛ الصفدي، الدليل الأثري، ص561، 588.
(2) الصفدي، الدليل الأثري، ص557.
(3) بيبي، جيو فري، أبحاث آثارية في أربع دول عربية، مجلة «Kum»، الدنمارك، 1965م، ص133، 152.

وعُثر أيضًا في موقع «أرفيق»، الذي يقع على الساحل الغربي لقطر، على مجموعة من الصخور الجيرية، اعتُقد أنها شواهد لقبور، وقُدِّر تاريخها، من قِبل البعثة الدنماركية، بأنها تعود إلى القرن الثالث قبل الميلاد[1].

كما أسفرت الجهود الاستكشافية للبعثة الفرنسية في موقع «الخور» عن اكتشاف مجموعة من الشظايا الصيوانية، والأواني الفخارية، وبقايا الأسماك، والأصداف، والمواقد، والحفر، والأحجار المنصوبة، وأدوات الزينة المصنوعة من الأصداف، وكلها يُقدَّر تاريخها ما بين 554 قبل الميلاد، و100 ميلادية[2].

كما عُثر أيضًا على أدوات صيد في موقع «الوسيل»، اكتُشفت من قِبل البعثة الدنماركية التي قدَّرت أنها تعود إلى العصر الحجري الحديث، حيث إن الأدوات والمواد الموجودة في الموقع تشير إلى نشاط بشري امتد إلى ما بعد هذا العصر، لكن بعد إجراء عدد من التحاليل المختبرية لعينات من هذا الموقع، بمعرفة البعثة اليابانية، قُدِّر عُمر هذا الموقع بأنه يعود إلى عام 2100 قبل الميلاد (أي حقبة العصر الحديدي)[3].

---

(1) جلوب، بي في، «استطلاع في قطر»، مجلة «Kum»، الدنمارك، 1956م، ص199، 202؛ الصفدي، الدليل الأثري، ص562.

(2) البعثة الفرنسية المجلد (2)، ص29؛ الخليفي، محمد جاسم، المواقع الآثارية: التراث المعماري والمتاحف في قطر، المجلس الوطني للثقافة والفنون والتراث (إدارة المتاحف والآثار) - الدوحة، الطبعة الثالثة، 1424هـ/ 2003م، ص22-23.

(3) الأحمدي، تاريخ الخليج، ص68.

سهم من البرونز عثر عليه في موقع «الوسيل»

كما كشفت التنقيبات الأثرية في قطر عن وجود كثير من المواد الأثرية في عدة مواقع، من بينها موقع «أبروق»، وهي عبارة عن أطلال أبنية مستديرة تعود إلى حقبة العصر الحجري الحديث، إضافةً إلى أدوات حجرية، وشفرات[1] (يبدو أنها كانت تُستخدم للصيد)، فضلًا عن عظام حيوانات برية، وغزلان، وطيور، وأسماك، وقواقع بحرية، واستنتجوا أنها كانت منطقة للصيد الموسمي، وليست للاستقرار الدائم[2].

---

(1) بياتريس دي كاردي، تقرير البعثة البريطانية عن الآثار في قطر (1973-1974م)، أكسفورد نيويورك: نُشر لمتحف قطر الوطني بواسطة مطبعة جامعة أكسفورد، 1978م، ص120.
(2) الأحمدي، تاريخ الخليج، ص69.

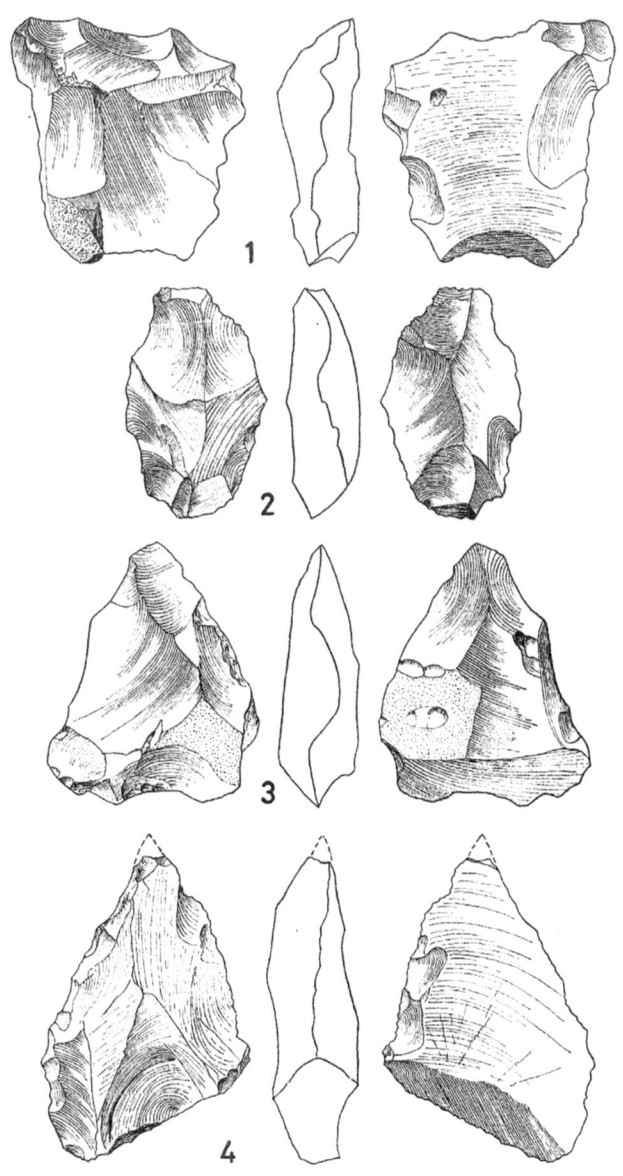

أما في مدافن «أم الماء» فقد عُثر على 150 مدفنًا، ذات أشكال مستطيلة، وقد رُصفت أرضها وجوانبها بالحجر الجيري، وعُثر أيضًا في الموقع نفسه

على كثير من أدوات الصيد التي يعود تاريخها إلى القرن الأول قبل الميلاد[1].

مدافن موقع «أم الماء»

وفي الساحل الشرقي لقطر، في موقع حصين داخل خليج الخور، تقع جزيرة «بن غنام» التي دلَّت الأبحاث الأثرية على أنها لم تكن مأهولة بالسكان على مدى العام، وإنما أثناء فترات معينة، حيث كانت موضعًا للعبور، وإقامة

---

(1) جلوب، بي في، مكتشفات ما قبل التاريخ في قطر، مجلة «Kum»، الدنمارك، 1960م، ص167-178.

مخيمات موسمية للتجار من البحرين، والصيادين المتجولين بحثًا عن اللؤلؤ، وذلك في بداية الألف الثاني قبل الميلاد. ثم أضحت الجزيرة في فترات لاحقة مركزًا لإنتاج الصبغ الأحمر الأرجواني المأخوذ من الأصداف البحرية، وذلك أثناء الحقبة الكاشية في النصف الثاني من الألف الثاني قبل الميلاد تقريبًا، ثم ما فتئت أن صارت مخيمًا لصيد اللؤلؤ أثناء الفترة الساسانية (ما بين 400-600م)، ثم مركزًا للصيد أثناء الفترة الإسلامية المتأخرة[1].

منظر عام لجزيرة «بن غنام»

وقد كشفت الحفريات في هذه المنطقة عن وجود موضع للنفايات يضم بقايا ما يُقدَّر بنحو 2.9 مليون صدفة منفردة ومجروشة لحلزونات بحرية، إضافةً إلى وعاء كبير من الخزف ربما كان يستخدم لنقع الرخويات المدقوقة.

---

[1] دليل المواقع الأثرية في دولة قطر، قطاع التراث الثقافي - وحدة السياحة الثقافية (الدوحة)، ص48.

وعادة ما ينتج هذا النوع من الصدفيات، التي تعيش تحت الصخور، في منطقة المد والجزر لاستخراج الصبغ الأحمر الداكن[1].

وفي موقع «المزروعة» اكتُشف عدد من المدافن التي ضمت بقايا عظام بشرية، وحيوانات، وقطعًا من الفخار، وقطعًا من الحديد، والبرونز، والزجاج[2]، وبقايا دورق زجاجي، وسيفًا حديديًّا، ومجموعة من السهام الحديدية. وقُدِّر عُمر هذا الموقع ما بين القرنين الثاني قبل الميلاد، والسابع الميلادي[3].

فضلاً عن ذلك فقد عُثر على جرة في موقع «رأس مطبخ» تعود إلى العصر الجاهلي[4].

جرة عُثر عليها في موقع «رأس مطبخ» تعود إلى العصر الجاهلي

(1) دليل المواقع الأثرية في دولة قطر، ص48.
(2) بياتريس دي كاردي، تقرير البعثة البريطانية عن الآثار في قطر، ص193.
(3) الصفدي، الدليل الأثري، ص562-563.
(4) بياتريس دي كاردي، تقرير البعثة البريطانية عن الآثار في قطر، ص191.

نلاحظ من خلال هذا العرض الموجز لنتائج الاكتشافات الأثرية بشبه الجزيرة القطرية، أن معظم الاكتشافات عبارة عن أدوات للصيد، وأسلحة، وأصداف، وهياكل عظمية لأسماك، وأدوات زينة من الصدف، وأدوات معدنية، وأطلال لبنايات دائرية (يبدو أنها للتخزين). ونلاحظ أيضًا أن المسكن المكوَّن من غرفتين شُيد فوق أحد المرتفعات، وأن المدافن مكتملة البناء من الحجر الجيري، أُنشئت مع نهايات عصر ما قبل الميلاد، والقرون الأولى بعد الميلاد.

يمكننا القول، من خلال ذلك، إن المنطقة التي أُطلق عليها «قطر» كانت تمتاز بغزارة الأمطار، مع انخفاض سطحها عن مستوى سطح البحر بشكل كبير، مما هيَّأها لأن تُصبح مستقرًّا لتجمُّع المياه العذبة، ومخزنًا للأصداف والثروة البحرية التي تستقر على شاطئها بعد انحسار المياه أثناء فترة الجزر، ومن ثَمَّ يتتابع الصيادون والرعاة الجوالون عليها أثناء هذه الفترة من العام من أجل الصيد. ويبدو أن توفُّر المياه العذبة بها ساعد على وجود استقرار بشري دائم بها مع نهاية عصور ما قبل الميلاد وبدايات القرون الأولى بعد الميلاد، وذلك بعد أن ارتفع سطح الأرض بالقدر الذي يسمح لهذه التجمعات البشرية بإقامة حياة مستقرة بها.

ويبدو أن هذه المنطقة حقَّقت شهرة واسعة في مجال الصيد البحري الموسمي، ولذلك ورد اسم قطر في عدد كبير من المصادر التاريخية القديمة، سواء اليونانية أو الرومانية أو المسيحية، ثم الإسلامية فيما بعد، وهذا ما سنستعرضه في النقطة التالية.

وعلى ذلك، فإن اسم قطر جاء مرتبطًا بطبيعة النشاط البحري للتجمعات البشرية الأولى التي استقرت في هذه المنطقة، سواء بشكل موسمي أو بشكل دائم فيما بعد. وبطبيعة الحال فإن هذا النشاط كان نتيجة حتمية

لطبيعة الظروف المناخية والبيئية لهذه المنطقة. إنه اسم توصيفي لطبيعة المكان وطبيعة النشاط البشري الذي ارتبط به على مدى قرون عدة.

3- ورود التسمية في المصادر التاريخية

كما ذكرنا آنفًا، فإن هذه المنطقة المسماة «قطر» اكتسبت شهرة واسعة في معظم المصادر التاريخية فيما يتعلَّق بالنشاط البحري على مدى حقب تاريخية ممتدة إلى عشرة قرون قبل الميلاد. وسنرصد خلال السطور التالية نماذج لهذا الوجود لاسم قطر في هذه المصادر، وأقدمها المصادر اليونانية، التي تتمتع بأهمية كبيرة بسبب تقدُّمها الزمني، فضلًا عمَّا كان بين أوروبا والمنطقة العربية من وشائج اقتصادية تركزت في جوهرها على النشاط البحري المرتبط بالصيد، وقد أولت المصادر اليونانية هذه المنطقة أهمية خاصة، حيث ورد اسم قطر في كتابات المؤرخ اليوناني «هيرودوس» في القرن الخامس قبل الميلاد، كما أورده الجغرافي الشهير «بطليموس» ضمن خريطته التي وضعها للعالم العربي مُطلقًا عليها اسم «كتارا» (Katara or Catara). وإذا تابعنا البحث فسوف نجد اسم قطر يرد عند «بلينوس» (34-70م) حين كان يتحدث عمَّن أسماهم «أعراب قَطَر، أو بدو قَطَر، أو القَطَريين الرُّحَّل»، (Catarei Nonmados)[1].

كما ذكر «بلينوس» أيضًا أنه بعد «Atharrei» يأتي نهر، ويُعتقد أن هذا النهر «وادي الدواسر»[2]. وهذه إشارة يمكن أن تساعدنا على فهم المدلول الجغرافي لكلمة «Catara» عند بطليموس، وهل كان يعني بها منطقة «الزبارة»، أم أنه كان يشير بها إلى شبه الجزيرة القطرية كاملة؟

---

(1) جواد علي، «الخليج عند اليونان واللاتين»، مجلة المؤرخ العربي، مركز دراسات الخليج العربي، جامعة البصرة - البصرة، العدد (12)، 1980م، ص47.

(2) جواد علي، «الخليج عند اليونان واللاتين»، ص39-40.

طرح «بلينوس» رسمًا جديدًا للاسم وهو «Atharrei»، ويبدو أنه كان يشير بهذه الكلمة إلى منطقة «الزبارة»، وأن «Catara» كانت المصطلح المعبِّر عن شبه الجزيرة القطرية كاملة، لا سيما أنها نسبت إليها كلمة «Nomadas» التي تعني الرَّحالة، سواء من الرعاة أو من الصيادين الذين كانوا يَفِدون على سواحل قطر أثناء موسم الصيد بعد أن ذاع صيت هذه المنطقة في هذا المضمار.

وحين نصل إلى المصادر المسيحية التي ورد فيها اسم قطر، سنجد إشارة إلى «بيت قطرايا»[1]، أو «بيت قطرايي»[2]، أي بيت القطريين، ويبدو أنه استمرار لما أطلقه «بلينوس» على أعراب قطر (Catarei Nomadas)[3]. وهذا تأكيد على انتشار الكلمة وتجذرها بالقدر الذي سمح لها بالاستمرارية خلال هذه العقود، مما يؤكد على أن النشاط البشري لم ينقطع في المنطقة أثناء الحقب التاريخية المتوالية.

أما المصادر العربية الإسلامية، فقد أشارت إلى هذه المنطقة في عدد من المواضع التي أشرنا إلى بعضها عند تناولنا للمعنى اللغوي لكلمة قطر، كما تؤكد إشارات كثيرة في عدة مصادر عربية على شيوع هذا الاسم للدلالة على هذه المنطقة البحرية المهمة.

ويُذكر أن اسم «قطر» كان متعارفًا عليه خلال العصر الجاهلي، وقد أُشير من خلاله إلى عدد من المنسوجات التي نُسبت إلى قطر، وكذلك الجياد والنعام واللؤلؤ، ومن الشواهد على ذلك ما نظمه أحد الشعراء حين قال:

---

(1) شيخو، الأب لويس، النصرانية وآدابها بين عرب الجاهلية، مطبعة الآباء اليسوعيين - بيروت، 1912م، ج1، ص71.

(2) جواد علي، «الخليج عند اليونان واللاتين»، ص48 (نقلًا عن التاريخ الصغير لمؤلف مجهول).

(3) جواد علي، «الخليج عند اليونان واللاتين»، ص47.

كَســاكَ الحَنظَلــيُّ كِســاء صُوفٍ   وقِــطــرِيًّــا فــأنــتَ بــه تَــفــيــدُ[1]

وأشار الشاعر الراعي[2] إلى النعام القطرية، فقال[3]:

الأَوْبُ أَوْبُ نَعائِــمٍ قَطَرِيَّــةٍ   والآلُ آلُ نــخــائــصٍ حُــقُــبِ

وهو بهذا ينسب النعام إلى قطر لاتصالها بالبر ومُحاذاتها رمال يبرين[4].

---

(1) ياقوت الحموي، شهاب الدين أبو عبد الله ياقوت بن عبد الله (ت: 626هـ/ 1229م)، معجم البلدان، دار صادر - بيروت، الطبعة الثانية، 1995م، ج4، ص373.

(2) الراعي: هو عبيد بن حصين بن معاوية بن صعصعة بن جندل، ويتصل نسبه بقيس عيلان، ويكنى أبا جندل، والراعي لقب غلب عليه ولُقب به لكثرة وصفه الإبل وجودة نعته إياها في أشعاره، وهو من أهل بادية البصرة، كان مُقدَّمًا فاضلًا، وقد اعترض بين جرير والفرزدق فاستكفه جرير فأبى فهجاه جرير في قصيدة طويلة منها هذا البيت: «فغض الطرف إنك من نمير.. فلا كعبًا بلغت ولا كلابا». وتُوفِّي سنة 90هـ/ 709م. ينظر: ابن سلام، أبو عبد الله محمد بن سلام بن عبيد الله الجمحي (ت: 232هـ/ 786م)، طبقات فحول الشعراء، تحقيق: محمود محمد شاكر، دار المدني - جدة، ج2، ص298؛ ابن دريد، أبو بكر محمد بن الحسن بن دريد الأزدي (ت: 321هـ/ 933م)، الاشتقاق، تحقيق وشرح: عبد السلام محمد هارون، دار الجيل - بيروت، الطبعة الأولى، 1411هـ/ 1991م، ص295؛ الزركلي، خير الدين بن محمود بن محمد بن علي بن فارس، الأعلام، دار العلم للملايين، الطبعة الخامسة عشرة، 2002م، ج4، ص188؛ هلال ناجي، «البرهان على ما في شعر الراعي من وهم ونقصان»، مجلة المورد، وزارة الثقافة - بغداد، العدد (3-4)، 1977م، ج1، ص237.

(3) ياقوت الحموي، معجم البلدان، ج4، ص373. ينظر القصيدة كاملة: الراعي النميري، أبو جندل عُبيد بن حصين (ت: 90هـ/ 709م)، ديوان الراعي النميري ت: راينهرت فايبرت، المعهد الألماني للأبحاث الشرقية - بيروت، 1401هـ/ 1980م، ص8.

(4) يَبْرِينَ: تقع شرقي اليمامة، وهي على محجة عُمان إلى مكة وكأنها أدخل في محاذاة اليمامة إلى الجنوب شيئًا. الهمداني، أبو محمد الحسن بن أحمد بن يعقوب بن يوسف (ت: 360هـ/ 970م)، صفة جزيرة العرب، مطبعة بريل - ليدن، 1884م، ص165. وقيل بأعلى بلاد سعد، هو رمل لا تدرك أطرافه عن يمين مطلع الشمس من حجر اليمامة، وقيل من أصقاع البحرين. البغدادي، صفي الدين عبد المؤمن بن عبد الحق القطيعي الحنبلي (ت: 739هـ/ 1338م)، مراصد الاطلاع على أسماء الأمكنة والبقاع، دار الجيل - بيروت، الطبعة الأولى، 1412هـ، ج3، ص1472.

وقال جرير يصف الجياد القطرية[1]:

لَـدِيَّ قَطَرِيَّـاتٍ إذا مـا تَغَوَّلَـت   بِها البِيـدُ غاولنَ الحُـزُومَ الفَيافيا

كل هذه شواهد تدل على تجذُّر الاسم في المنطقة منذ قرون مديدة.

ونستنتج مما سبق عرضه أن اسم قطر كان ذا شهرةٍ، سواء في المنطقة العربية أو في بقية مناطق العالم، تحت مسمى «كتارا».

ثانيًا: قطر والبحرين بين الدلالة اللفظية والحدود الجغرافية

ساهم الترابط الكبير بين مناطق الساحل الشرقي للخليج العربي، سواء من الناحية الجغرافية أو الأحداث السياسية؛ وطبيعة النشاط الاقتصادي، فضلًا عن التناغم الاجتماعي للعنصر البشري الذي عمَّر هذه المنطقة على مدى حقب تاريخية متعاقبة، في إثارة حالة من اللَّبس والاضطراب الاصطلاحي عند تسمية هذه المنطقة، حيث حدث تداخل كبير لدى المؤرخين عند الإشارة إلى دورها، وربما يتجلَّى ذلك الأمر في أوضح صوره عند استخدام كلمة «البحرين»، للدلالة على نطاق جغرافي واسع. ولعل هذه الظاهرة كانت منتشرة في كتابات المؤرخين حين يتحدثون عن أمثلة أخرى في المنطقة، كما هي الحال عند حديثهم عن بلاد الشام، وأرض الحجاز، ووادي النيل، والمغرب العربي، وكلها مصطلحات لمناطق شهدت تطورًا كبيرًا على مستوى الدلالات الاصطلاحية، بحيث أضحى كلٌّ منها يشير إلى حدود جغرافية ربما تقل بكثير عمَّا كانت عليه في الماضي.

وحين نُسلِّط الضوء على الساحل الشرقي للجزيرة العربية، فإننا نقف أمام عدد من المسميات التي أُطلقت على هذه المساحة الجغرافية التي أصبحت اليوم تضم عددًا من الدول ذات الحدود الجغرافية المعينة،

(1) ياقوت الحموي، معجم البلدان، ج4، ص373.

والمتفق عليها بين ساكنيها، وفق المعاهدات السياسية المعلنة، والقوانين المعترف بها دوليًا.

وقد أطلق المؤرخون القدماء على هذه المنطقة أسماء عديدة، منها: ساحل عُمان، والبحرين، والخط. لكن يبدو أن مصطلح «البحرين» كان من أكثر المصطلحات التي اختلطت بكلمة قطر في كتابات كثير من المؤرخين القدماء، فأصبح يُطلق أحيانًا على الحيز الجغرافي المعروف لدينا اليوم باسم «قطر». ومن هؤلاء المؤرخين ابن الفقيه الذي عاش في القرن الرابع الهجري/ العاشر الميلادي، وقد أشار إلى منطقة البحرين بقوله[1]: «... بين البحرين واليمامة[2] مسيرة [سفر] عشرة أيام، وبين هجر[3] مدينة البحرين وبين البصرة مسيرة خمسة عشر يومًا على الإبل، وهي الخط[4]، والقطيف[5]،

---

(1) أحمد بن محمد بن إسحاق الهمذاني (ت: 365هـ/ 975م)، مختصر كتاب البلدان ليدن، 1985م، ص89.

(2) اليمامة: اسم قديم يشمل تقريبًا الثلث الجنوبي الشرقي مما يعرف بنجد حاليًا: «سافلة نجد»، وقد أدخل ياقوت الحموي في معجم البلدان أراضي القصيم في الشمال، ووادي العقيق (وادي الدواسر حاليًا) في الجنوب ضمن إقليم اليمامة. ويُقال إن الإقليم سُمِّي بهذا الاسم نسبة إلى قرية من قراه تُسمَّى «جو اليمامة». ج5، ص441-442؛ البغدادي، مراصد الاطلاع على أسماء الأمكنة والبقاع، ج3، ص1483؛ الحميري، أبو عبد الله محمد بن عبد الله بن عبد المنعم (ت: 900هـ/ 1494م)، الروض المعطار في خبر الأقطار، تحقيق: إحسان عباس، مؤسسة ناصر للثقافة - بيروت، الطبعة الثانية، 1980م، ص619.

(3) هجر: كانت من أسواق العرب، ومن أهم المدن التجارية في بلاد البحرين، وهي ميناء مهم، تأتي إليها السفن التجارية من مختلف البلدان. ينظر: ابن حبيب، محمد (ت: 245هـ/ 859م)، المحبر، تحقيق: إيلزه ليختن شتيتر، دار الآفاق الجديدة - بيروت، ص265.

(4) سنتحدث عنها فيما سيأتي في هذا الفصل.

(5) القطيف: بلدة بناحية الأحساء، وتقع في الشمال الشرقي منها على شاطئ الخليج العربي، وتأتيها السفن التجارية من مختلف البلدان. أبو الفداء، إسماعيل بن محمد (ت: 732هـ/ 1332م)، تقويم البلدان، تحقيق: رينود ماك كوكين ديسلان، دار الطباعة السلطانية - باريس، 1840م، ص99. وهي اليوم من المدن المشهورة في المملكة السعودية.

والآرة[1]، وهجر والبينونة[2]، والزأرة[3]، وجواثا، والسابور».

أما ابن رسته[4] المعاصر له فيذكر أن البحرين ناحية بين البصرة وعُمان على ساحل البحر. كما نجد هذا الخلط عند كثير من المؤرخين الذين تناولوا مصطلح «البحرين» في مراحل زمنية مختلفة بدلالات تتباين اتساعًا وضيقًا؛ حيث إن كلمة «البحرين» كانت تعني أحيانًا كل الساحل الشرقي للجزيرة العربية، لتصف الحيز الجغرافي الممتد من حدود البصرة شمالًا، وحتى عُمان، وأحيانًا أخرى تشمل عددًا من المدن الواقعة على مسار الساحل الشرقي التي تُعد قطر من بينها. لكن المصطلح ورد أيضًا لدى بعض المؤرخين بوصفه اسمًا للجزيرة الواقعة في بحر فارس، وقد حدَّدها البعض بجزيرة «أوال»، وهو الموضع الأقرب لما عليه الوضع حاليًّا، والذي يشير إلى دولة البحرين الواقعة مقابل الساحل الغربي لقطر.

ومن ثَمَّ فإن هذا يُفسر لنا إطلاق بعض الرَّحالة والمؤرخين مسمى «البحرين»، وهم يعنون قطر، على اعتبار الدلالة الأوسع للكلمة، والتي كان يُشار بها إلى كل الخط الشرقي لساحل جزيرة العرب، الذي تقع قطر ضمنه.

وإذا نظرنا إلى التقسيم الجغرافي لكتب الرَّحالة، فسنلحظ أن قطر

---

(1) آرة: بلد في البحرين. البغدادي، مراصد الاطلاع على أسماء الأمكنة والبقاع، ج1، ص3.

(2) بينونة: تقع بين عُمان والبحرين. ياقوت الحموي، معجم البلدان، ج5، ص447.

(3) الزأرة: منطقة بالبحرين معروفة بعين الزأرة. كراع النمل، أبو الحسن علي بن الحسن الهنائي الأزدي (ت بعد: 309هـ/ 922م)، المنجد في اللغة (أقدم معجم شامل للمشترك اللفظي)، تحقيق: أحمد مختار عمر وضاحي عبد الباقي، عالم الكتب - القاهرة، الطبعة الثانية، 1988م، ص348؛ الخوارزمي، برهان الدين أبو الفتح ناصر بن عبد السيد أبي المكارم بن علي المطرزي (ت: 610هـ/ 1213م)، كتاب المغرب، دار الكتاب العربي، ص205.

(4) أبو علي أحمد بن عمر (ت بعد: 290هـ/ 903م)، الأعلاق النفيسة، بريل - ليدن، 1981م، ص96.

تشمل المساحة الجغرافية بين أوال وعُمان‏(1)، وهذه المساحة الكبيرة لقطر كانت معروفة من قبل القرن السابع للميلاد‏(2).

وعلى هذا الأساس، فالبحرين كان اسمًا لسواحل نجد بين قطر والكويت، وكانت هجر قصبته، وهي الهفوف اليوم، وقد تُسمَّى الحسا، ثم أُطلق على هذا الإقليم اسم «الأحساء» حتى نهاية العهد العثماني، وانتقل اسم البحرين إلى جزيرة كبيرة تواجه هذا الساحل من الشرق كانت تُسمَّى «أوال»، وهي إمارة البحرين اليوم‏(3). ثم تقلَّص اسم البحرين تدريجيًّا حتى انحصر في الأرخبيل الذي يضم أوال، والجزر المحيطة بها في العصور المتأخرة‏(4). ويتكوَّن هذا الأرخبيل من 33 جزيرة وسط الخليج، وتبلغ مساحتها نحو 265 ميلًا مربعًا، وتبعد عن الساحل الإيراني بنحو 250 ميلًا، وعن ساحل شبه الجزيرة العربية بنحو 18 ميلًا، وكان لها دور تجاري عبر التاريخ، مثلها مثل وقيس وغيرها‏(5).

---

(1) ينظر: الهمداني، الصفة، ص47؛ ابن الفقيه، مختصر كتاب البلدان، ص89؛ الإدريسي، محمد بن محمد بن عبد الله بن إدريس الحسني الطالبي (ت: 560هـ/ 1165م)، نزهة المشتاق في اختراق الآفاق، عالم الكتب - بيروت، الطبعة الثانية، 1409هـ، ج1، ص162. وكانت قطر حتى القرن العاشر للهجرة/ السابع عشر للميلاد يتبعها عدد من المدن والموانئ مثل سلوى، وسنتحدث عن ذلك في الفصل الرابع.

(2) كانت قطر في القرن السابع الميلادي تضم خمس جزر هي: جزيرة تاروت، وجزيرة المحرق، وجزيرة البحرين، والخط من سلوى إلى القطيف، وواحة الأحساء. بوانسينيون، التقرير السنوي للمسح الأثري بالهند، المكتبة الهندية، 1908م، ص41.

(3) شراب، محمد بن محمد حسن، المعالم الأثيرة في السنة والسيرة، دار القلم/ الدار الشامية - دمشق/ بيروت، الطبعة الأولى، 1411هـ، ص44.

(4) ابن ماجد، أحمد بن ماجد (ت: 906هـ/ 1500م)، الفوائد في معرفة علم البحر والقواعد، مخطوطة الكونغرس، رقم 2008401696، ورقة 70أ.

(5) السليمان، علي بن إبراهيم، «الأحساء في فترة النفوذ البرتغالي»، اللقاء العلمي التاسع، الأحساء 27-29 صفر 1427هـ، ص1.

الفصل الثاني
المحطات التاريخية لقطر عبر العصور

تمهيد

تمتعت أرض قطر بتراث حضاري كبير في الماضي السحيق، ففي هذه البقعة أظهرت الآثار جليًّا الأصالة التاريخية[1] والحضارية لهذه المنطقة، وعبَّرت عن مميزات واضحة لهذا التراث المادي والفكري، وعن مساهمتها في التراث الإنساني منذ العصر الحجري، وأثناء الحقب الزمنية المتعاقبة. كما أبرزت الآثار التي عُثر عليها في دخان، وعقلة المناصير، وقرب الساحل الشرقي في الوسيل شمال الدوحة، وغيرها من المواقع، الوجود الحضاري الأصيل في أرض قطر[2].

وقد أكَّدنا في هذه الدراسة على أن أرض قطر كانت مركزًا لتجمعات سكانية استقرت هناك منذ أقدم العصور، واعتمدت في استقرارها على النشاط البحري، وهو أمر فرضته ظروف بيئية طبيعية سادت في قطر لآلاف السنين، ويبدو أن ذلك شكَّل تحوُّلًا جذريًّا للبشر في هذه المنطقة، من الحياة البدائية المعتمدة على جمع القوت عن طريق التنقل خلف مواضع الكلأ، إلى مجاورة البحر وممارسة مهنة الصيد البحري.

---

(1) عندما التقيت مع الأخ فيصل النعيمي مدير إدارة الآثار في متاحف قطر، أخبرني أن جهود متاحف قطر متواصلة في أعمال التنقيب، وقد اكتُشف - حتى الآن - أكثر من 2000 موقع أثري. وفي كلام النعيمي إشارة إلى الرصيد الأثري الضخم لدولة قطر.

(2) حسين أمين، «دراسات تاريخية للخليج العربي»، مجلة المؤرخ العربي، مركز دراسات الخليج العربي، جامعة البصرة - البصرة، العدد (12)، 1980م، ص13.

ومما تجدر الإشارة إليه في هذا الصدد، ما أظهره موقع أثري يعود إلى الألف السادس قبل الميلاد في منطقة شقرة جنوب شرق قطر، حيث كشف لنا الدور الرئيسي الذي لعبه البحر (الخليج) في حياة سكان شقرة[1].

وفضلًا عن ذلك، كشفت البعثة الإنجليزية التي أدارتها الباحثة البريطانية «دي كاردي» عن بقايا مواد أثرية في موقع أبروق الواقع في الجانب الغربي من جزيرة قطر، حيث تضمَّنت تلك المواد، إلى جانب بعض الأدوات الحجرية، عظامًا حيوانية، وبعد تحليلها تبيَّن أنها عظام غزلان برية، وطيور، وأسماك، وقواقع بحرية، وبعد دراسة المواد المكتشفة من قِبل الباحثة «دي كاردي» وفريق العمل المرافق لها، توصلوا إلى نتائج مفادها أن سكان موقع أبروق كانوا صيادين، وباحثين عن مواضع الكلأ، وأن موقعهم هذا كان للاستيطان المؤقت، أو بالأحرى الموسمي، وبحسب تقديرات «دي كاردي» فإن هذا الاستيطان المؤقت يعود إلى الألف الخامس قبل الميلاد[2].

وبذلك تحوَّل الإنسان في قطر إلى مرحلة جديدة، وهي الحياة شبه المستقرة القائمة على امتهان حرفة، وبعد ذلك تحوَّل إلى الاستقرار، فكان ذلك خطوة شديدة الأهمية. وهكذا دخل الإنسان القطري مرحلة الاستقرار منذ الألف السادس قبل الميلاد، وهذا ما دلَّت عليه التنقيبات الأثرية في موقع شقرة، حيث وُجدت فيه بقايا كوخ، وكثير من الأدوات، مما جعله أقدم بناء معروف في الخليج العربي إلى اليوم[3].

---

(1) البعثة الفرنسية، المجلد (2)، ص24.

(2) بياتريس دي كاردي، تقرير البعثة البريطانية عن الآثار في قطر، ص120؛ الأحمدي، تاريخ الخليج، ص69.

(3) البعثة الفرنسية، المجلد (2)، ص115.

بعد الاستقرار، شرع الإنسان القطري، مع تزايد موارده، في إنتاج أكثر مما يحتاج إلى استهلاكه، فاتجه للقيام بأول خطوة واعية في طريق التجارة، مبتدئًا ذلك بمبادلة السلع الزائدة لديه بمواد أخرى يحتاج إليها، متدرجًا في ذلك من التبادل مع جيرانه الأقربين من سكان المستوطنات الأخرى المجاورة ثم البعيدة[1].

وحققت التجمعات البشرية المستقرة في أرض قطر خطوات مهمة في طريق التطور والنماء، فمع مرور الوقت قادها هذا التطور إلى تكوين كيانات اقتصادية كبيرة.

ومنذ الألف الخامس قبل الميلاد ظهرت في أرض قطر حضارة تجارية، مستندة إلى ما تمتاز به من نشاط بحري.

أما ما عثرت عليه البعثة الفرنسية في موقع الخور من أدوات متعددة، فقد درستها وتوصَّلت إلى أن بعضها يعود إلى حضارة العبيديين في العراق[2]، وكذلك ما عثرت عليه البعثة الدنماركية من فخار ذي طابع إفريقي[3]، فضلًا عن إشارة البعثة البريطانية في تقريرها إلى أن بعض الفخار في موقع «إدعسة» نادر وجوده في قطر، وهذا الأمر يدعم نظرية استيراده من الخارج[4].

---

(1) منير يوسف طه (خبير الآثار العراقي)، آثار رأس أبروق تعيد كتابة التاريخ القطري، صحيفة الراية، الجمعة 24/ 6/ 1429هـ/ 27/ 6/ 2008م.
(2) البعثة الفرنسية، المجلد (2)، ص29.
(3) كابل، هولجر، تقرير البعثة الدنماركية للتنقيب عن الآثار في الخليج العربي (قطر)، الدنمارك، 1967م، ص12.
(4) الصفدي، الدليل الأثري، ص557.

أولًا: المحطات التاريخية لقطر أثناء عصور ما قبل الميلاد

هناك كثير من المحطات التاريخية التي مرت بها أرض قطر أثناء عصور ما قبل الميلاد، نوجزها فيما يلي:

1- علاقة قطر بالعراق وبلاد الشام والبحرين وعُمان والحجاز ومصر

تمتعت قطر بعلاقات تاريخية مع العراق وبلاد الشام والبحرين وعُمان والحجاز ومصر أثناء عدد من المحطات التاريخية عبر العصور المختلفة، وقد عكست لنا صورة مشرقة عن عمق الترابط الوثيق والتمازج بين سكان الجزيرة العربية وثقافاتها والمناطق المحيطة بها. وفيما يلي بعض من أبرز محطات التواصل بين قطر وتلك البلدان:

(أ) العلاقات فيما قبل الألف الخامس قبل الميلاد

تُعد ثقافة قطر «B»[1] أكبر المواطن الأثرية الممثلة لعصور ما قبل التاريخ في الجزيرة العربية، فكشفت الآثار التي وجدت في عدة مواقع من قطر، وهي: هابارت، رملة فاسد، بئر خسفة، فوهايد، سارق، والمتمثلة في رؤوس السهام، والأدوات الحجرية من حجر الصوان بُني اللون، وأحيانًا بُني مخطط، وتمثل في واقعها شفرات. وبعد إجراء التحليلات اللازمة على المواد العضوية التي عُثر عليها مع المأثورات الحضارية، تبيَّن أنها تعود إلى ما بين 7600-5000 قبل الميلاد، وأن أكبر دراسة للتراث لهذه المجموعة

---

[1] يقسم علماء الآثار تاريخ شبه الجزيرة العربية إبان نهاية العصور الحجرية إلى أوجه أثرية ثلاثة:
LATE PREHISTORIC A (CA. 5000-4500 B.C)
LATE PREHISTORIC B (CA. 4500-3800 B.C)
LATE PREHISTORIC C (CA. 3800-2800 B.C)
ينظر: محسن نجم الدين، مختصر تاريخ شبه الجزيرة العربية منذ أقدم العصور حتى منتصف الألف الثاني قبل الميلاد، كلية الآثار، جامعة القاهرة - مصر، ج2، ص25.

قام بها الباحث «كابل»، وتوصَّل إلى نتيجة مفادها أن صناعة هذه الآثار لها ما يوازيها في بلاد الشام، وهو ما يشير إلى وجود علاقة تجارية مع قطر. وكذلك وُجدت آثار لهذه المجموعة في ظفار بعُمان، والربع الخالي[1].

(ب) العلاقات في النصف الثاني من الألف الخامس قبل الميلاد

عرفت أرض قطر ثقافة هذه المدة، ثقافة قطر (B)، وكان لها انتشار واسع فيها، ووُجدت أيضًا هذه الثقافة في البحرين، حيث حُدِّد أحد عشر موقعًا استيطانيًّا بها، كما وُجدت في الإمارات العربية المتحدة، حيث عُثر على آثار تعود إلى تلك الحقبة في الشارقة، وعجمان، وأم القيوين، وجزيرة الحمرا، ورأس الخيمة، وكذلك انتشرت في مناطق متفرقة من عُمان[2].

(ج) العلاقات في النصف الثاني من الألف الرابع قبل الميلاد

إضافةً إلى ما سبق، فأرض قطر في الألف الرابع قبل الميلاد كانت مركزًا سكانيًّا وتجاريًّا، حيث مثَّلت دور الوسيط التجاري ما بين بلاد وادي الرافدين وشبه الجزيرة العربية وعُمان وساحله (سلطنة عُمان ودولة الإمارات العربية المتحدة حاليًّا)[3]. وعلى هذا الأساس، يمكننا القول إن قطر كانت تُمثِّل جسر التواصل التجاري بين مناطق شمال الخليج العربي وجنوبه، وذلك بسبب موقعها الجغرافي المتوسط في الخليج.

---

(1) ينظر: كابل، تقرير البعثة الدنماركية، ص12 وما بعدها؛ محسن نجم الدين، مختصر تاريخ شبه الجزيرة العربية، ج2، ص23.

(2) محسن نجم الدين، مختصر تاريخ شبه الجزيرة العربية، ج2، ص27.

(3) يمكننا أن نصل إلى هذه النتيجة: «قيام قطر بدور الوسيط التجاري»، من خلال مقارنة المعطيات الأثرية لتلك الفترة بين قطر والمناطق المجاورة لها. لمعلومات أوفى ينظر: الأحمدي، تاريخ الخليج، ص69؛ المصري، عبد الله حسن، وحدة التاريخ والآثار في التاريخ، الإدارة العامة للمتاحف - الرياض، 1988م، ص140.

ومما تجدر الإشارة إليه في هذا الصدد، انتشار الفخار العبيدي (من عصور حضارة بلاد الرافدين) في منطقة الخليج العربي في عدة مواقع. وإذا قمنا بتحليل هذا الفخار بحسب مذكرات الأثريين فسنجد أن صناعة الفخار كانت تأتي من بلاد الرافدين، ثم تمر عبر قطر إلى بقية الخليج.

فضلًا عن ذلك، فإن هذه الفترة ضمت عدة مناطق من الجزيرة العربية، حتى إنها فاقت سابقتها من حيث الانتشار والتنوع في منتجاتها، فقد عرفت فيها الأدوات السفرية ذات الطابع المحلَّى، ورؤوس السهام، والمناجل، والسكاكين، وغيرها.

وتجدر الإشارة إلى أنه عُثر في بعض المواقع القطرية على بعض الأدوات التي تعود إلى هذه المجموعة، وكانت لا تتطابق مع أدوات حضارة بلاد الرافدين، ولهذا فهي أقرب إلى الآثار المصرية في الفيوم والتي تعود إلى 4000-3550 قبل الميلاد[1].

إن صحَّت هذه الاستنتاجات، فذلك يدل على أن قطر بلغت من الازدهار درجة كبيرة في هذه الحقبة، حيث مثَّلت دور الوساطة التجارية بين عدد من المناطق، كما عملت على توسيع علاقاتها مع بعض الأقطار، ولعل ما يؤكد ذلك هو التشابه في ثقافة هذه الحقبة مع بلاد وادي النيل.

2- علاقة قطر بالحضارة الآشولية (في حدود القرن السادس قبل الميلاد)

شهدت أرض قطر ثقافات وحضارات مختلفة على مدى التاريخ، ففي أثناء قيام البعثة الدنماركية بأعمال التنقيب، عُثر على مواقع كثيرة تعود إلى حقب حجرية متباينة، إلا إنه وفي نهاية موسم التنقيب تقريبًا

---

(1) الأحمدي، تاريخ الخليج، ص70.

عُثر على آلتين حجريتين مصنوعتين من حجر الصوان الموجود بكثرة في شبه جزيرة قطر، وبعد دراستهما تبيَّن - حسب ما ذكره الخبير الدنماركي «بوميديسون» - أنَّهما تعودان إلى ما يُعرف بـ«الثقافة الآشولية»، التي يعزى تاريخها إلى ما بين ثمانية آلاف عام إلى أربعة آلاف عام من الآن، وقد سُميت بـ«الثقافة الآشولية» نسبة إلى قرية صغيرة تقع في جنوب فرنسا اسمها «سانت آشول»، وأن هاتين الآلتين كانتا تستخدمان في صيد الحيوانات البرية[1].

3- علاقة قطر بحضارة العبيديين (الألفان الخامس والرابع قبل الميلاد)

أسفرت أعمال التنقيب التي جرت في منطقة الخور في شمال شرق قطر، وفي بير زكريت، ورأس أبروق، عن اكتشاف آنية فخارية ملونة، ومعدات حجرية، وصوان، وأدوات حجرية عبارة عن كاشطات ومثاقب. كما أثبتت الدراسات التي أُجريت على بعض الصلصال في منطقة الخور أنه مختلف عن غيره[2]، وهو ما يدل على أن قطر كانت على اتصال بحضارة العبيديين التي ازدهرت في بلاد الرافدين أثناء الألفين الخامس والرابع قبل الميلاد، حيث قامت أنظمة تجارية لتبادل السلع (المقايضة) المكوَّنة أساسًا من الأواني الفخارية، والسمك المجفف، بين التجمعات السكانية في قطر والعبيديين في بلاد الرافدين[3].

كما أسفرت الاكتشافات الأثرية التي قامت بها البعثتان الفرنسية والبريطانية

---

(1) منير يوسف طه (خبير الآثار العراقي)، آثار رأس أبروق تعيد كتابة التاريخ القطري، صحيفة الراية، الجمعة 24/ 6/ 1429هـ/ 27/ 6/ 2008م.

(2) البعثة الفرنسية، المجلد (2)، ص27.

(3) ينظر: الصفدي، الدليل الأثري، ص558.

عن أدوات تعود إلى العصر العبيدي، حيث اكتُشفت قطع أثرية تُشبه قِطعًا موجودة في بلاد ما بين النهرين التي نشأت في فترة العبيد (ما بين 6500- 3800 قبل الميلاد) في المستوطنات الساحلية المهجورة. وتُعد «إدعسة» - وهي مستوطنة تقع على الساحل الغربي لقطر - أهم موقع يتشابه مع ثقافة العبيد في البلاد[1]، وقد ظهر شبيهه في منطقة البحرين وشرق الجزيرة العربية[2].

من خلال هذه الدراسات الميدانية تبيَّن أن هناك انتشارًا واسعًا لآثار حقبتي العبيديين الرابعة والثالثة في منطقة الخليج العربي كافة، إلا إنها ظهرت بنطاق واسع في أرض قطر، وهذا مما يدل على أن أرض قطر أثناء هذه المرحلة الثقافية كانت المركز الأكثر كثافة من الناحيتين السكانية والتجارية، ومن حيث الاتصال الحضاري والتجاري المباشر أو غير المباشر فيما بين بلاد الرافدين وشبه الجزيرة العربية وعُمان وساحله (سلطنة عُمان ودولة الإمارات العربية المتحدة حاليًا)[3].

وتُظهر التنقيبات أن إنسان قطر عرف كثيرًا من الأنشطة البحرية، بدليل وجود سهام مدببة في عدد من المواقع القطرية[4]، حيث كانت تُستخدم في صيد الأسماك.

---

(1) البعثة الفرنسية، المجلد (1)، ص6؛ بياتريس دي كاردي (De Cardi, B)، بعض جوانب الاستقرار في العصر الحجري الحديث في البحرين والمناطق المجاورة (Some aspects of Neolithic Settlement in Bahrain and Adjacent Regions)، ب.ت.أ - لندن (B.T.A,London)، 1986م، ص92؛ الهاشمي، رضا جواد، آثار الخليج العربي والجزيرة العربية، بغداد، 1984م، ص112.

(2) الصفدي، الدليل الأثري، ص168؛ منير يوسف طه، اكتشاف العصر الحديدي، ص212-213.

(3) منير يوسف طه (خبير الآثار العراقي)، آثار رأس أبروق تعيد كتابة التاريخ القطري، صحيفة الراية، الجمعة 24/ 6/ 1429هـ/ 27/ 6/ 2008م.

(4) البعثة الفرنسية، المجلد (2)، ص21؛ البدر، سليمان سعدون، منطقة الخليج العربي خلال الألفين الرابع والثالث قبل الميلاد، مطبعة حكومة الكويت، 1974م، ص154.

4- علاقة قطر بحضارة الوركاء[1] (الألف الرابع قبل الميلاد)

أعقبت ثقافة العبيديين في بلاد الرافدين ثقافة جديدة عُرفت بـ«الوركاء»، وكانت لهذه الحضارة الجديدة علاقة مع أرض قطر بحسب ما كشفت عنه الآثار، حيث أظهر كثير من المواقع التي جرى التنقيب فيها في أرض قطر أن مجموعة من الأدوات تعود إلى ما يُعرف بـ«عصر الوركاء»[2]، الذي بدأ فيه ظهور التدوين في بلاد وادي الرافدين أثناء نهاية الألف الرابع قبل الميلاد[3].

5- علاقة قطر بحضارة سلالة لجش (الألف الثالث قبل الميلاد)

أعقبت ثقافة الوركاء في بلاد الرافدين ثقافة جديدة عُرفت بـ«عصر سلالة لجش» (في حدود 2450 -2300 قبل الميلاد)، وقد عُرف عن هذه السلالة نشاطهم البحري، وكانت حضارتهم على علاقة وطيدة مع أرض قطر، ويبدو أن هذه العلاقة منحت قطر دفعة في النشاط البحري، ففي هذه الفترة حققت قطر مع بعض بلاد الساحل الشرقي للجزيرة العربية مكانة تجارية كبيرة،

---

(1) الوركاء: تُعد مدينة الوركاء أحد المراكز الحضارية الأولى في العالم التي ظهرت في بداية العصر البرونزي قبل نحو 4000 سنة قبل الميلاد، وفي مدينة أوروك اخترعت الكتابة، ومن هذه المدينة ظهر الحرف الأول في العالم، وذلك في حدود 3100 قبل الميلاد، حيث كانت في بداياتها كتابة صورية ثم تطورت فيما بعد لتصبح الكتابة المسمارية. وأوروك كانت تلعب دورًا رئيسيًا في العالم في تلك الفترة قبل نحو 2900 قبل الميلاد. ينظر: عبد العزيز صالح، الشرق الأدنى القديم، مكتبة الأنجلو المصرية - القاهرة، 1990م، ج1، ص438.

(2) بوتس (Potts)، الخليج العربي في العصور القديمة (The Arabian Gulf in Anitquity)، أكسفورد (oxford)، 1990م، ج1، ص30؛ رؤوف (Raof)، الحفريات في المرخ، البحرين: سمكة منتصف الألفية الرابعة قبل الميلاد (Excavations at Al Markh, Bahrain: A fish midden of the fourth millenium B.C)، 1964م، المجلد (1)، ص499-501.

(3) منير يوسف طه، اكتشاف العصر الحديدي، ص212-213.

نظرًا لازدياد النشاط التجاري بسبب ما تتمتع به الموانئ من مزايا للرسو، والقيام بالوساطة التجارية أيضًا[4]. فمنذ النصف الثاني من الألف الثالث قبل الميلاد كان هناك نشاط بحري ملموس في الخليج العربي، حيث مارست سلالة لجش نشاطًا تجاريًّا بحريًّا في الخليج العربي[5].

وكان للملك «سرجون الأكدي» (2300 قبل الميلاد تقريبًا) نشاط بحري واسع في الخليج العربي[6]، حيث كان يستورد عددًا من السلع من البحرين (قطر والبحرين). فالنحاس مثلًا من بين السلع التي استوردها سرجون من منطقة الخليج العربي، وها هو يتفاخر من خلال النصوص المسمارية المكتشفة في مدينة لجش في جنوب بلاد الرافدين، بأنه جعل كثيرًا من السفن القادمة من البحرين (قطر والبحرين) ترسو على رصيف ميناء «أكاد»، وهي المدينة التي ما زالت مجهولة حتى الآن[7].

6- علاقة قطر بحضارة بلاد الرافدين والهند (نهاية الألف الثالث وبداية الألف الثاني قبل الميلاد)

خلال نهاية الألف الثالث وبداية الألف الثاني قبل الميلاد برزت أرض قطر بوصفها واحدة من أكثر المناطق ثراءً في الخليج، حيث شهدت انتشار

---

(4) رُبرت هُيلَنْد، تاريخ العرب في جزيرة العرب من العصر البرونزي إلى صدر الإسلام 3200 ق.م-630م، ترجمة: عدنان حسن، قدمس - بيروت، الطبعة الأولى، 2010م، ص37.

(5) الهاشمي، رضا جواد، «النشاط التجاري القديم في الخليج العربي وآثاره الحضارية»، مجلة المؤرخ العربي، مركز دراسات الخليج العربي، جامعة البصرة - البصرة، العدد (12)، ص77.

(6) الآلوسي، عادل محيي الدين، تجارة العراق البحرية مع إندونيسيا حتى أواخر القرن السابع الهجري/ أواخر القرن الثالث عشر الميلادي، دار الشؤون الثقافية - بغداد، 1984م، ص25.

(7) أوسي، إسماعيل شيخي، «التجارة بين دول الشرق القديم خلال العصور البرونزية»، مجلة كلية التربية الأساسية للعلوم التربوية والإنسانية - جامعة بابل، العدد (38)، 2018م، ص403.

حضارات العصر البرونزي القادمة من بلاد الرافدين، كما توافد عليها بعض التجار القادمين من وادي الإندوس بالهند، وهذا يشير إلى حجم التجارة التي كانت تمر عبر الخليج آنذاك بين بلاد الرافدين، ووادي الإندوس، حيث لعب الخليج، وخصوصًا قطر، دورًا جوهريًّا في نقل السلع بواسطة السفن بين بلاد الرافدين والهند، وكذا الساحل الشرقي للجزيرة العربية[1].

7- علاقة قطر بحضارة الكيشيين (الألف الثاني قبل الميلاد)

تعود العلاقة القطرية مع حضارة الكيشيين البابلية إلى الألف الثاني قبل الميلاد، حيث إن المعدات والأدوات التي وُجدت في الخور تشهد على العلاقات التجارية بين سكان قطر والكيشيين في بلاد البحرين الحديثة[2]، فقد عُثر على المئات من الشظايا الحلزونية المصقولة، وكذلك بقايا إناء خزفي يعود إلى الكيشيين[3]، كما أن قطر تُعد أقرب موقع معروف لإنتاج الصبغيات المحارية، وذلك بسبب صناعة الصبغة الأرجوانية التي كانت موجودة على الساحل[4].

8- علاقة قطر بحضارة اليونان والرومان (الألف الأول قبل الميلاد)

كانت التجارة المتبادلة بين أوروبا والهند تمر عبر الخليج العربي، وذلك في نحو عام 140 قبل الميلاد، وتدل الشواهد الأثرية التي وُجدت في

---

(1) رُبرت هُيلَنْد، تاريخ العرب في جزيرة العرب من العصر البرونزي إلى صدر الإسلام، ص37 وما بعدها.

(2) بيتر ماجي (Peter Magee)، علم آثار شبه الجزيرة العربية ما قبل التاريخ (The Archaeology of Prehistoric Arabia)، كامبريدج برس (Cambridge Press)، 2014م، ص50-70.

(3) باروخ ستريمان (Baruch Sterman)، القصة الرائعة للون الأزرق القديم المفقود في التاريخ وإعادة اكتشافه (The Rarest Blue: and Rediscovered The Remarkable Story of an Ancient Color Lost to History)، ليون (Lyons)، 2012م، ص22-31.

(4) دليل المواقع الأثرية في دولة قطر، ص48.

قطر، وخصوصًا في رأس أبروق[1]، على نفوذ إغريقي وروماني في قطر، ففي هذه الفترة كانت شعوب الخليج وأنظمته تتبادل التجارة مع العالم اليوناني والهند[2]. فقد وُجدت آثار تشمل: أجزاء من الفخار اليوناني، ودارًا سكنية، ومعلمًا حجريًا، وتنورًا، ورابية منخفضة تحتوي على كميات كبيرة من عظام السمك. وكذلك أظهرت أعمال الحفر التي جرت في الدار حجرتين متصلتين بجدار فاصل بحجرة أخرى ثالثة تطل على البحر، مما يدل على أن رأس أبروق كانت محطة صيد موسمية ينزل فيها الصيادون لتجفيف أسماكهم أثناء تلك الحقبة، وقد اشتهرت قطر خلال هذه الحقبة بالتجارة، وكانت أهم سلعتين تصدرهما أثناء العصر الإغريقي-الروماني هما اللآلئ والسمك المجفف، إضافةً إلى سلع أخرى.

وأخيرًا، وبعد هذا العرض للمحطات التاريخية لقطر قبل الميلاد، فإننا ننوه إلى أن ما قمنا بعرضه هو مجرد طرح مختصر لبعض المحطات التاريخية التي يمكننا من خلالها تكوين صورة عامة عن طبيعة تلك المراحل التي مرت بها هذه المنطقة، لأنه من الصعوبة بمكان أن تفي هذه الدراسة، وأن تحيط إحاطة كاملة، بالتراث القطري الذي جرى الكشف عنه إلى الآن في المواقع التي تتناثر في أماكن متفرقة من أرض قطر.

كما نود أن نشير إلى أننا نظن أن ما عُثر عليه في قطر من آثار - حتى الآن - ما هو إلا غيض من فيض، وما زالت الأرض القطرية تخفي في باطنها مخزونًا ثقافيًّا من إبداع تلك الحضارات المتعاقبة على تلك الأرض المباركة، وقد عبَّر عن ذلك أحد الباحثين بقوله: «إنني على ثقة من أن

(1) الأحمدي، تاريخ الخليج، ص69.

(2) رُبرت هُيلَنْد، تاريخ العرب في جزيرة العرب من العصر البرونزي إلى صدر الإسلام، ص48.

النهضة الحديثة في قطر ستعمل على تحقيق ما يهدف إليه العلم، وما يتمناه العلماء من الوصول إلى حقيقة جديدة لتبرز هذا القُطر، وتجعله في مصاف الحضارات الممتازة في التاريخ»[3].

وبعد هذا العرض الموجز عن الثروة الأثرية الكامنة في باطن التربة القطرية، وحوارها مع ثقافات الأقطار في الجزيرة العربية، والأقطار الأخرى، يمكننا أن نخلص إلى عدد من النتائج:

1- تبادلت مناطق قطر الأدوار والثقافات مع البلدات والمدن والمرافئ المختلفة، وسارت معها جنبًا إلى جنب، وخطوة تلو خطوة، ومرحلة بعد مرحلة، وعصرًا بعد عصر، بدايةً من الألف السادس قبل الميلاد وحتى القرن الأول قبل الميلاد، فكانت معها في تواصل وتعاون لم ينقطع قَطُّ.

2- يُشير حجم التواصل الذي كان آنذاك بين قطر ومحيطها الإقليمي، والعالمي، إلى ضرورة توفُّر شبكة من الطُّرق البرية والبحرية اللازمة لتحقيق هذا التواصل التجاري.

3- أكَّدت الآثار المكتشفة في منطقة أرض قطر على التقارب البيئي والبشري والاقتصادي بينها وبين مناطق الجزيرة العربية، مما يدل على عمق التواصل بين دول هذه المنطقة منذ فجر التاريخ.

4- تؤكد طبيعة الآثار التي عُثر عليها في المواقع الأثرية القطرية، وما تمتاز به من تنوُّع واضح، على انفتاح قطر على محيطها الجغرافي القريب منها أو البعيد، وهو ما يُثري المخزون التراثي لديها.

5- دلَّت آثار رأس أبروق وإدعسة، من أدوات ومقتنيات، على أن سكان هذه المناطق كانوا على دراية بصناعة الأدوات الحجرية، واستخراج

---

(3) حسين أمين، «دراسات تاريخية»، ص13.

النحاس وصهره، وأنهم كانوا على صلات بالحضارات المختلفة، حيث تشير الآثار إلى دوائر حضارية متصلة، وحلقات متكاملة للتوارث، والتواصل الحضاري، وهذا يدل على التسلسل الحضاري المتواكب لقطر مع الحضارات الأخرى، وأنها كانت دومًا حلقة رئيسية في سلسلة الحضارة الإنسانية في هذه المنطقة.

6- أثبتت الآثار أن لقطر دورًا حضاريًّا متميزًا في منطقة الجزيرة العربية بشكل عام، وشرقي الجزيرة العربية بشكل خاص، حيث تميَّزت بتعدُّد مقتنياتها وأشكالها، وتنوُّع ثقافاتها، وسعة تأثيرها وعمقه، فكانت قطر الحاضرة التي احتضنت العديد من ثقافات المنطقة.

7- يؤكد تنوُّع الحقب الزمنية للموروث الأثري القطري على أن مساهمتها في المشهد الحضاري لم تنقطع في أي مرحلة تاريخية، وأنها ظلت حاضرةً في صدارة المشهد في بعض المراحل التاريخية، وتوارت بعض الشيء في مراحل أخرى، إلا إنها كانت دومًا حاضرةً ومساهمةً بشكل بارز.

8- جعل ارتباط الميراث الحضاري لمنطقة قطر بالنشاط البحري، سمة الانفتاح على الآخر، والتواصل بلا قيود أو عوائق مع مختلف الثقافات، من أهم سمات سكان هذه المنطقة، وهو الأمر الذي ترك آثاره الواضحة في حجم الإبداع، والدقة، والمهارة، التي تميَّز بها المنتج الأثري في هذه المنطقة، فضلًا عن تنوعه، مما يؤكد على أنه نتيجة الامتزاج الحضاري، والتلاقح الفكري، بين كمٍّ كبير من الإبداعات الوافدة على هذه الأرض.

ثانيًا: المحطات التاريخية لقطر بعد الميلاد

لقطر، وغيرها من بلدان الساحل الشرقي للجزيرة العربية، أو ما يُسمَّى «الخليج العربي»، محطات تاريخية متداخلة، فيصعب فرز تاريخ كل إقليم

على حدة، لأن أكثر المؤرخين يكتبون عن جميع أقاليم الخليج تحت مُسمَّى «البحرين»، ولهذا جاءت كثير من المحطات التاريخية بين تلك الأقاليم متشابهة، وعلى الرغم من ذلك سنحاول رصد أبرز المحطات التاريخية للبحرين عامة، وقطر خاصة، فيما يلي:

1- النزوح العربي إلى المنطقة الشرقية للجزيرة العربية

النزوح والهجرات سمة تتميَّز بها البشرية على مر العصور، وتأتي الهجرة نتيجة دوافع اقتصادية أو سياسية، وفي هذا المقام سنوضح محطتين تاريخيتين للنزوح إلى المنطقة الشرقية للجزيرة العربية (الخليج العربي): الأولى ذات طابع اقتصادي أو قريبة منه وممزوجة بالسياسي، والثانية ذات طابع سياسي بحت، وهما:

(أ) النزوح قبل الميلاد

حينما أوشك القرن الثاني قبل الميلاد على الانتهاء، شهدت الجزيرة العربية حراكًا داخليًّا، تمثَّل في قيام القبائل العربية بسلسلة من التغيرات، وكان من بينها حركة النزوح، ذات التاريخ القديم في جزيرة العرب، وكان النزوح يحدث لأسباب عدة، على غرار انهيار سد مأرب في اليمن - الذي انهار عدة مرَّات - وكان من أكثر الأسباب التي دفعت إلى النزوح إلى البحرين وغيرها[1].

---

(1) ينظر: ياقوت الحموي، معجم البلدان، ج5، ص34-38. وتذكر كتب التاريخ أنه بعد انهيار السد هاجرت القبائل اليمنية إلىٰ عُمان، ومن ثَمَّ بلاد البحرين. ينظر: البلاذري، أحمد بن يحيى بن جابر بن داود (ت: 279هـ/ 892م)، أنساب الأشراف، تحقيق: سهيل زكار ورياض الزركلي، دار الفكر - بيروت، الطبعة الأولى، 1417هـ/ 1996م، ج1، ص29؛ مجهول، قصص وأخبار جرت في عُمان، تحقيق: عبد المنعم عامر، مطابع سجل العرب - القاهرة، الطبعة الثانية، 1403هـ/ 1983م، ص26؛ مجهول، تاريخ أهل عُمان، تحقيق: سعيد عبد الفتاح عاشور، القاهرة، الطبعة الثانية، 1406هـ/ 1986م، ص25.

وكانت المنطقة الشرقية للجزيرة العربية (الخليج العربي) من الأماكن التي قصدتها الهجرات، حيث ولى العرب وجههم شطر هذه المنطقة، وبدأوا في التوجه إليها في 1200 قبل الميلاد تقريبًا، واتخذوها موطنًا لهم. ومن القبائل التي نزحت إلى هذه المنطقة بعد تكاثر العرب في الجزيرة العربية، وتفرقهم بحثًا عن الماء والكلأ، قبيلة عبد القيس بن ربيعة، وبطون من بكر بن وائل، وبطون من تيم بن مرة، وقد توزعوا بين جهاتها المختلفة[1].

(ب) النزوح بعد الميلاد

ثمة هجرات متأخرة - بعد الميلاد - جاءت إلى المنطقة الشرقية للجزيرة العربية (الخليج العربي) (قطر، عُمان، الإمارات العربية، البحرين)، وهذه القبائل مما لحق بالقبائل الأولى.

وشهدت المنطقة الشرقية للجزيرة العربية نزوحًا كبيرًا إليها في القرن الأول الهجري/ السابع الميلادي، بعد أن ضاقت سُبل العيش في البلدان فاتجه أهلها إليها على وجه الخصوص، لأنها كانت ذات نشاط اقتصادي مزدهر، فضلًا عن أنها - المنطقة الشرقية للجزيرة العربية - كانت الملجأ الآمن لكل من اضطُهد بسبب معارضته للحكم.

2- الأوضاع السياسية

قبل مجيء الإسلام، كان معظم المنطقة الشرقية للجزيرة العربية (الخليج العربي) تحت سيطرة الدولة الساسانية. فبعد الانتصار الذي حققه الساسانيون على الدولة البيزنطية الرومانية، استطاعوا مد نفوذهم إلى فلسطين واليمن، ودخلت المنطقة الشرقية للجزيرة العربية ضمن دائرة النفوذ الساساني، مثلها مثل غيرها.

---

(1) ياقوت الحموي، معجم البلدان، ج2، ص221؛ ج3، ص452.

وكان المنذر بن ساوى[1]، هو حاكم هذه المنطقة وقت ظهور الإسلام[2]. وقد انتمى أبرز الحكام الذين حكموا المنطقة الشرقية للجزيرة العربية، إلى قبيلة عبد قيس، ومن هؤلاء العيونيون[3] وآل عصفور[4] وغيرهم. وبقيت تلك المنطقة تحت هذا النفوذ حتى مجيء الإسلام واعتناق أهلها له.

تجدر الإشارة إلى أمر مهم، وهو أن بوادر الاستقلال السياسي للمنطقة الشرقية لشبه الجزيرة العربية بشكل عام بدأت في الظهور بعد موقعة «ذي

(1) ينظر ترجمته فيما سيأتي من هذا الفصل.

(2) ياقوت الحموي، معجم البلدان، ج1، ص347.

(3) قامت في النصف الأخير من القرن الخامس الهجري/ الحادي عشر الميلادي، دولة في بلاد البحرين، شرق الجزيرة العربية، عُرفت بـ«الدولة العيونية»؛ وسُميت بهذا الاسم نسبة إلى مؤسسها الأمير عبد الله بن علي بن محمد بن إبراهيم العيوني، وقامت الدولة العيونية في منطقة البحرين التي تمتد من كاظمة شمال شرقي الجزيرة العربية (الكويت حاليًا) إلى بلاد العروض التي تشتمل على الأطراف الصحراوية المحاذية لقطر، وكانت مراكزها الرئيسية: هجر (الأحساء)، وجزيرة أوال والقطيف. وقد سقطت على أيدي العصفوريين في حدود سنة 630هـ/ 1231م. لمعلومات أوفى ينظر: العماري، فضل بن عمار، ابن المقرب، وتاريخ الإمارة العيونية في بلاد البحرين، مكتبة التوبة - الرياض؛ الشرعان، نايف بن عبد الله، نقود الدولة العيونية في بلاد البحرين، مركز الملك فيصل للبحوث والدراسات الإسلامية - الرياض، 1423هـ/ 2002م، ص15 وما بعدها؛ المديرس، عبد الرحمن، الدولة العيونية في بلاد البحرين، رسالة ماجستير غير منشورة، جامعة الملك سعود 1404هـ/ 1984م، ص30 وما بعدها.

(4) أسست دولتهم على يد الأمير عصفور بن راشد بن عميرة العقيلي العامري في منتصف القرن السابع الهجري/ الثالث عشر ميلادي، وذلك بعد قضائهم على الدولة العيونية، وقد امتد نفوذ دولة بني عصفور من سواحل عُمان جنوبًا حتى الكويت الحالية شمالًا، وضمَّت أيضًا جزر البحرين وقطر، وامتد نفوذها إلى شرق نجد، وكانت عاصمتهم في الأحساء. لمعلومات أوفى ينظر: أبو حاكمة، أحمد مصطفى، «صفحات مطوية من تاريخ الخليج والجزيرة العربية»، مجلة الدوحة، 1976م، ص80-81؛ الحميدان، عبد اللطيف بن ناصر، «إمارة العصفوريين ودورها السياسي في شرق الجزيرة العربية»، مجلة كلية الآداب، جامعة البصرة - البصرة، العدد (15)، 1979م.

قار»[1] عام 611م، وذلك بعد أن انتصر العرب - أكثرهم من بني بكر بن وائل وعبد القيس - على الفرس. وقد ذكرت كتب الرحلات والجغرافيا[2] أن النبي ﷺ قال عن يوم ذي قار: «هذا أول يوم انتصفت فيه العرب من العجم وبي نُصروا»[3]. كما عُدَّ هذا اليوم من أيام العرب المشهورة، وقال الأعشى يفتخر به[4]:

فِدًى لِبني ذُهل بن شَيبان ناقَتي ... وراكبها يومَ اللقاء وقَلَّتِ

كَفَوا إذ أتى الهامَرزُ تَخفِق فوقَه ... كَظِل العُقاب إذ هوت فَتَدلَّتِ

أذاقُوهم كأسًا مِن الموت مُرَّةً ... وقد بَذَخت فُرسانهم وأذلَّتِ

فَصَبَّحهم بالحنو حنو قُراقِرٍ ... وَذي قَارها منها الجنودُ فَفُلَّتِ

على كل مَحبوكِ السَّراة كأنه ... عُقابٌ سرت من مَرقَبٍ إذ تدلَّتِ

فجادَت على الهامَرز وسط بيوتهم ... شآبيبُ موتٍ أسبلت واستهلَّتِ

تناهت بَنو الأحزاب إذ صَبرت لهم ... فَوارس من شَيبان غُلبٌ فولَّتِ

---

(1) يُسمى يوم ذي قار أيضًا: يوم حنو قراقر، ويوم الجبابات، ويوم العجرم، ويوم الغذوان، وهو ماء؛ قال أبو عبيدة: «وكلهن حول ذي قار». البكري، أبو عبيد عبد الله بن عبد العزيز بن محمد الأندلسي (ت: 487هـ/ 1094م)، معجم ما استعجم من أسماء البلاد والمواضع، عالم الكتب - بيروت، الطبعة الثالثة، 1403هـ، ج3، ص1043.

(2) البكري، أبو عبيد عبد الله بن عبد العزيز بن محمد الأندلسي (ت: 487هـ/ 1094م)، المسالك والممالك، دار الغرب الإسلامي، 1992م، ج1، ص293؛ معجم ما استعجم من أسماء البلاد والمواضع، ج3، ص1043؛ الحميري، الروض المعطار، ص262.

(3) الحديث الذي ذكرته البلدانيات حديث صحيح، لكن هناك اختلافًا في نص الحديث، فقد رواه البخاري من حديث بشر بن يزيد أن الرسول ﷺ قال عن يوم ذي قار: «يوم ذي قار أول يوم انتصفَتْ فيه العَربُ من العجم وبي نُصِرُوا». محمد بن عبد الكريم بن عبيد، تخريج الأحاديث المرفوعة المسندة في كتاب التاريخ الكبير للبخاري، مكتبة الرشد - الرياض، الطبعة الأولى، 1420هـ/ 1999م، ص810.

(4) ياقوت الحموي، معجم البلدان، ج2، ص312.

وقال أبو تمام[1]:

إذا افتَخَرت يومًا تميم بِقَوسِها ... وزادت على ما وطَّدت مِن مَناقِبِ
فأنتم بِذي قارٍ أمالتْ سُيُوفُكم ... عُروشَ الذين استرهنوا قَوسَ حاجِبِ

وقال جرير[2]:

فلمَّا التقى الحيَّان أُلقيت العَصا ... ومات الهَوى لما أُصيبت مَقاتِله
أبيت بـذي قـار أقــولُ لصُحبتي ... لَعلَّ لهذا الليل نحبًا نُطاوله
فَهَيهات هَيهات العقيق ومَن به ... وهَيهات خِـل بالعقيق نُواصله
عَشية بِعنا الحلم بالجهل وانتحتْ ... بنا أريحيَّات الصبا ومجاهله

3- الوضع الديني

تميَّز العهد الساساني بانفتاح قطر على العالم الخارجي، ففي هذا العهد دخل العديد من سكان شرق شبه الجزيرة العربية في دين المسيحية بعد أن تشتت مسيحيو بلاد ما بين النهرين[3].

وقد دخلت المسيحية الجزيرة العربية منذ عهد مبكر، وخصوصًا في المناطق الواقعة على ضفاف المحيط الهندي، وعلى ضفاف الخليج العربي، وعند مصب الرافدين، وفي الكويت وقطر وجزر البحرين، وفي عُمان والأحساء[4]، وفي أقصى الجنوب من اليمن، وحضرموت، ومنطقة

---

(1) ياقوت الحموي، معجم البلدان، ج4، ص294.

(2) ياقوت الحموي، معجم البلدان، ج4، ص294.

(3) ينظر: إيان جيلمان وهانز يواكيم كليمت (Gillman، Ian؛ Klimkeit، Hans-Joachim)، مسيحيون في آسيا قبل عام 1500 (Christians in Asia Before 1500)، جامعة ميشيغان (University of Michigan PreS)، 1999م، ص87 وما بعدها.

(4) الأحساء: كان اسمًا لسواحل نجد بين قطر والكويت، وكانت هجر قصبته، وهي الهفوف اليوم، وقد تُسمَّى «الحسا»، وأطلق على هذا الإقليم اسم الأحساء حتى نهاية العهد العثماني. شُرَّاب، المعالم الأثيرة في السنة والسيرة، ص44.

المهرة[1]، وسقطرى[2]، ونجد آثارًا للمسيحية فيها قبل مجيء الإسلام[3].

وفي اليمامة الواقعة في الجنوب الشرقي من نجد والحجاز، كان للمسيحية أنصار عديدون، كما أن التيارات المسيحية نفسها، القادمة من بلاد الشام وما بين النهرين، نقلت الأفكار المسيحية إلى قلب البلاد العربية، وتحديدًا إلى نجد، كما شُيدت الأديرة، وأُسست كثير من المستوطنات أثناء هذه الحقبة الزمنية[4].

وخلال الجزء الأخير من العصر المسيحي، كانت قطر تضم منطقة تُعرف باسم «بيت القطريين»[5]، وبيت القطريين في هذا العصر - المسيحي - لم

(1) المَهرَة: سميت بالمهرة نسبة إلى مهرة، وهم بنو مهرة بن حيدان بن عمر بن الحافي بن قُضاعة. ينظر: القرطبي، أبو عمر يوسف بن عبد الله بن محمد بن عبد البر بن عاصم النمري (ت: 463هـ/ 1071م)، الإنباه على قبائل الرواة، تحقيق: إبراهيم الإبياري، دار الكتاب العربي - بيروت، الطبعة الأولى، 1405هـ/ 1985م، ص135؛ القلقشندي، أبو العباس أحمد بن علي (ت: 821هـ/ 1418م)، قلائد الجمان في التعريف بقبائل عرب الزمان، تحقيق: إبراهيم الإبياري، دار الكتاب المصري/ دار الكتاب اللبناني، الطبعة الثانية، 1402هـ/ 1982م، ص52؛ السيوطي، الحافظ جلال الدين عبد الرحمن بن أبي بكر (911هـ/ 1505م)، بغية الوعاة في طبقات اللغويين والنحاة، تحقيق: محمد أبو الفضل إبراهيم، المكتبة العصرية، ج2، ص15.
وهي إحدى محافظات الجمهورية اليمنية الشرقية، التي تقع على حدود الجمهورية اليمنية مع سلطنة عُمان. المقحفي، إبراهيم أحمد، معجم البلدان والقبائل اليمنية، دار الكلمة - صنعاء، 1422هـ/ 2002م، ج2، ص1673-1674.

(2) سُقطرى: جزيرة يمنية تقع في المحيط الهندي، وأغلب سكانها من قبائل المهرة، وتتفرد هذه الجزيرة بتنوع نباتاتها وطيورها، وتُعد موطنًا لأغرب النباتات في العالم، وكذلك الأشجار النادرة، أبرزها شجرة «دم الأخوين»، كما يحيط بها عدد من الجزر. المقحفي، معجم البلدان والقبائل اليمنية، ج1، ص797-798.

(3) الأب ألبير أبونا، تاريخ الكنيسة الشرقية، بغداد، الطبعة الثانية، 1985م، ج2، ص15.

(4) لمعلومات أوفى ينظر: جواد علي، المفصل في تاريخ العرب، ج16، ص79 وما بعدها.

(5) كان للنصارى في قطر مطرنة، وكانوا يسمونها بالآرامية «بيت قطرايا»، ويمتد سلطانها على مساحة كبيرة تتعدى حدود دولة قطر الحالية، وقد ورد اسم قطر كذلك في المجمع الذي

تقتصر على مساحة دولة قطر الحالية فحسب، بل شملت البحرين وجزيرة تاروت والأحساء، وكان يديرها مطران يُسمَّى مطران بيت القطريين[1]، فضلًا عن ذلك فإنه منذ عام 225م كان مطران بيت القطريين له السلطة أيضًا على الشواطئ العربية شمالي البحرين[2]؛ أي الشواطئ العربية الحالية التي تقع جنوب العراق والكويت.

وكان للحيرة - عاصمة المناذرة - دور كبير في نشر المسيحية ورسوخها في منطقة الساحل الشرقي للجزيرة العربية، وذلك لكونها مركزًا دينيًّا مهمًّا، إضافةً إلى كونها مركزًا مرموقًا للتجارة، وطريقًا للقوافل المنطلقة نحو آسيا الداخلية.

فمن الحيرة انطلقت إرساليات مسيحية على الطريق التجاري نحو قطر والبحرين وعُمان وغيرها من البلدان الواقعة على الخليج العربي، والجزر الواقعة قبالتها[3].

وكان «بيت قطرايا»، أي «قطر»، الموضع المعروف اليوم على ساحل

عقده الجاثليق «إيشوعياب» في عام 585م، وقد كانت الاضطرابات في فارس تنعكس عليها مباشرة، مما يدل على أن الأحداث التي حصلت في فارس بين 649-659 انعكست على بيت قطرايا، وقد هيأ هذا الأمر لبيت قطرايا الانفصال الكامل عن أسقفيات فارس، وأصبحت تتمتع بالنفوذ الكامل، أما أول أسقفية وجدت في قطر وتسمى «أسقفية سما هيج»، فكان لها وجود قبل عام 410م. ينظر: شيخو، النصرانية وآدابها بين عرب الجاهلية، ج1، ص71؛ العلي، صالح أحمد، محاضرات في تاريخ العرب، مطبعة الإرشاد - بيروت، الطبعة الثالثة، 1964م، ج1، ص170؛ جواد علي، المفصل في تاريخ العرب قبل الإسلام، دار الساقي، الطبعة الرابعة 1422هـ/ 2001م، ج16، ص336.

(1) توما المرجي، كتاب الرؤساء، ترجمة: الأب ألبير أبونا، الموصل، 1966م، ص81.

(2) أوجين تيسران، خلاصة تاريخية للكنيسة الكلدانية، ترجمة: سليمان صائغ، الموصل، 1939م، ص57-58.

(3) الأب ألبير أبونا، تاريخ الكنيسة الشرقية، ج2، ص31.

الخليج، كرسيًّا لـ«مطرا بوليطي»، يقيم فيه، ويُشرف على إدارة خمس أسقفيات، وهي: أسقفية «ديرين»، وتقع في مقابل القطيف، وبينها وبين الساحل مسيرة سفر يوم وليلة في البحر. وأسقفية «مشمهيغ» أو «سماهيج»، وهي جزيرة في وسط البحر بين عُمان والبحرين، وتُدعى بالفارسية «ماش ماهي». وأسقفية «مازون» أو «مازونا»، وتقع على ساحل البحر بين البحرين وعُمان، وكان مسيحيو عُمان يُطلق عليهم «مازونايي». وأسقفية «هجر»، وهجر قصبة بلاد البحرين. وأسقفية «حطا» أو «الخُط» أو «بيط أرداشير»[1].

ثالثًا: المحطات التاريخية في العصر الإسلامي

كثرت المحطات التاريخية التي مرت بها المنطقة الشرقية للجزيرة العربية بصفة عامة، وقطر بصفة خاصة، في العصر الإسلامي، ونحن هنا نقصد المحطات التاريخية البارزة التي مرت بها المنطقة الشرقية للجزيرة العربية، ولا نعني بذلك السرد السياسي والحروب والوقائع العسكرية، وإنما ذكر شواهد محددة تفيد في تحقيق الغرض.

فضلًا عن ذلك، سنتناول تلك المحطات من خلال كتب الرَّحالة والجغرافيا وكتابات الأثريين والاقتباسات من نتائج الباحثين الذين اهتمت أبحاثهم بالآثار وكتب الرحلات والجغرافيا، وهذا لا يعني سرد الأحداث التي وردت في المصادر التاريخية الأخرى، مثل كتب التاريخ العام وغير ذلك، لأن هذه الدراسة لا تقوم على تلك المصادر.

على أي حال، فقد شاركت قطر مناطق الجزيرة العربية، فيما قبل الإسلام، في كل المراحل التاريخية، بدءًا من التمازج في التركيبة السكانية،

---

(1) جواد علي، المفصل في تاريخ العرب قبل الإسلام، ج16، ص336.

ومرورًا بالأحداث السياسية، والعادات، والتقاليد، والأعراف، والمعتقدات، والموروث الثقافي، فضلًا عن التكامل الاقتصادي.

ومع بداية القرن السابع الميلادي بدأت معالم حياة جديدة تبرز في تاريخ قطر ضمن منطقة شرق الجزيرة العربية، فبظهور الإسلام قامت دولة العرب المسلمين، وأُرسيت قواعد إمبراطوريتهم في مشارق الأرض ومغاربها، ولسنا في حاجة إلى أن نذكر أن قطر كانت جزءًا لا يتجزأ من كيان الدولة العربية الإسلامية في مختلف عصورها.

وفيما يلي نبرز أهم المحطات التاريخية في هذا العصر:

1- عصر صدر الإسلام

(أ) دخول قطر في الإسلام

في ظل حالة الفوضى الدينية والسياسية والاجتماعية التي كانت تعيشها الجزيرة العربية عامة، وشرق الجزيرة العربية خاصة، بزغ نور حضارة جديدة، انطلق من غار حراء، فأنار الأرض وغيَّر مجرى الحياة البشرية. ومن هذا النور أتت المصدرية الجديدة التي حوَّلت مسار التاريخ البشري، فانجذبت أفئدة العرب نحو نور الإسلام الذي انتشر في الجزيرة، بما تشمله من قطر وبلاد شرق الجزيرة العربية. وكان ذلك من أبرز المحطات التاريخية التي مرت بها هذه المنطقة، حيث شكَّل انتشار الإسلام في المنطقة مرحلة جديدة هي الأهم في تاريخها.

ذكر ياقوت الحموي[1] أنه في نحو سنة 6هـ/627م، أو 8هـ/629م،

---

[1] ياقوت الحموي، معجم البلدان، ج1، ص348.

وجَّه رسول الله ﷺ الصحابي العلاء بن عبد الله بن عماد الحضرمي[1] إلى البحرين[2] ليدعو أهلها وما حولها كافة إلى دين الإسلام، أو إلى دفع الجزية، وحمل العلاء بن الحضرمي رسالة من رسول الله ﷺ إلى حاكم منطقة

---

(1) العلاء بن الحضرمي: كان من حلفاء بني أمية، ومن سادة المهاجرين، وأخوه ميمون بن الحضرمي المنسوبة إليه بئر ميمون التي بأعلى مكة، حفرها قبل المبعث، وأخواهما: عمرو وعامر، وكان اسمه عبد الله بن عماد بن أكبر بن ربيعة بن مالك بن عويف، ولاه رسول الله ﷺ إمارة البحرين بعد وفاة المنذر، وتُوفِّي في البحرين سنة 21هـ/ 642م. وقد اختلف المؤرخون في اسمه، ففي الطبقات الكبرى وكتاب الطبقات وصفة الصفوة ورد اسمه: «الحضرمي عبد الله بن عماد بن سلمى»، وفي كتاب الطبقات أيضًا يرد أسمه: «عبد الله بن عباد بن مالك بن ربيعة بن أكبر بن مالك بن عويف بن خزرج بن إياد بن الصدف بن حضرموت»، أما في سير أعلام النبلاء: «العلاء بن الحضرمي، واسم الحضرمي عبد الله بن عباد بن أكبر بن ربيعة بن مقنع». ينظر: ابن سعد، أبو عبد الله محمد بن سعد بن منيع الهاشمي البصري البغدادي (ت: 230هـ/ 844م)، تحقيق: إحسان عباس، دار صادر - بيروت، الطبعة الأولى، 1968م، ج4، 359؛ خليفة بن خياط، أبو عمر خليفة بن خياط الليثي العصفري (ت: 240هـ/ 854م)، كتاب الطبقات، دراسة وتحقيق: سهيل زكار، دار الفكر، ص42، 133؛ ابن الجوزي، أبو الفرج عبد الرحمن بن علي بن محمد (ت: 597هـ/ 1201م)، صفة الصفوة، تحقيق: محمود فاخوري ومحمد رواس قلعه جي، دار المعرفة - بيروت، الطبعة الثانية، 1399هـ/ 1979م، ج1، ص694؛ الذهبي، الإمام شمس الدين محمد بن أحمد بن عثمان (ت: 748هـ/ 1374م)، سير أعلام النبلاء، تحقيق: شعيب الأرناؤوط، مؤسسة الرسالة، ج1، ص262؛ الأعظمي، محمد مصطفى، كتاب النبي ﷺ، المكتب الإسلامي، 1401هـ/ 1981م، ص143.

(2) لم يكن إسلام البحرين من إرسال الرسول ﷺ الرسالة للمنذر، وإنما كان قبل ذلك بكثير، لكن كان انتشار الإسلام قبل ذلك على شكل جماعات، فقد تبودلت عدة مراسلات بين رسول الله وأهل البحرين، اختتمت بزيارة وفد منهم له يترأسهم عبد الله بن عوف الأشج، وقد كان هذا الأشج دميمًا، لكن رسول الله ﷺ مدحه بسمتين، هما الحلم والأناة. وفي أثناء زيارة وفد البحرين كان عبد الله بن عوف الأشج يسأل رسول الله ﷺ عن الفقه والقرآن، فتعلم منه الكثير من أمور الدين. ينظر: ابن سعد، الطبقات، ج2، ص314؛ الكلاعي، أبو الربيع سليمان بن موسى الكلاعي الأندلسي (ت: 634هـ/ 1236م)، الاكتفاء بما تضمنه من مغازي رسول الله والثلاثة الخلفاء، تحقيق: محمد كمال الدين عز الدين علي، عالم الكتب - بيروت، الطبعة الأولى، 1417هـ، ج2، ص281.

البحرين - الملك المنذر بن ساوى بن الأخنس العبدي، من عبد القيس، أو من بني عبد الله بن دارم [1] - يدعوه فيها إلى الإسلام أو إلى الجزية، فأسلم المنذر، وأسلم معه جميع العرب هناك وبعض العجم. أما من كان من المجوس واليهود والنصارى فإنهم صالحوا العلاء، وكتب بينهم وبينه كتابًا نسخته: «بسم الله الرحمن الرحيم. هذا ما صالح عليه العلاء بن الحضرمي أهل البحرين، صالحهم على أن يكفونا العمل ويقاسمونا الثمر، فمن لا يفي بهذا فعليه لعنة الله والملائكة والناس أجمعين». وأما جزية الرؤوس فإنه أخذ لها من كل حالمٍ دينارًا[2].

وهكذا دخلت المناطق الشرقية من جزيرة العرب الواقعة على الخليج العربي في الإسلام من غير قتال. وبهذا دخلت قطر وبقية البحرين في الإسلام، وأبقى الرسول ﷺ أميرهم المنذر يحكمهم نيابة عنه، وبقي ابن الحضرمي معه قاضيًا ومُعلمًا وجامعًا لصدقات البحرين.

---

(1) كان المنذر أميرًا في الجاهلية والإسلام، كتب له الرسول ﷺ رسالته قبل فتح مكة، يدعوه إلى الإسلام، فأسلم واستمر في عمله، وكان أول من اعتنق الإسلام من ملوك العرب، تُوفِّي سنة 11هـ/ 632م، أي قبل الردة، وقد أكرمه الله بالإسلام. الدمشقي، الإمام محمد بن طولون، إعلام السائلين عن كتب سيد المرسلين ﷺ، تحقيق: محمود الأرناؤوط، مؤسسة الرسالة - بيروت، الطبعة الثانية، 1407هـ/ 1987م، ص49؛ الزركلي، الأعلام، ج7، ص293. والمنذر شخصية عربية فذة تتميز بعروبتها وتفتخر بانتمائها إلى العروبة، والحقيقة أن الملك المنذر كان يتمتع باستقلالية في حكمه ونفوذه، وليس للساسانيين عليه سلطة أو أنه معين من قبلهم، فهذا فهم مغلوط، حيث إنه يتمتع بنفوذ وقوة، خصوصًا أنه ينتمي إلى تميم التي كانت من أقوى قبائل العرب، ولعل ما يؤكد أنه غير تابع للساسانيين أنه اقتنع بالدعوة الإسلامية ودعمها بقوة. ونرى أن الإشكالية التي وقع فيها الكثير في فهم هذه الشخصية، نتجت عن تعدد الروايات حوله، وقد أخذ بعض الباحثين بعدد من تلك الروايات وأهملوا بعضها. لمعلومات أوفى عن الملك المنذر ينظر: مكي، حسن حسين، المنذر بن ساوى العبيدي ملك البحرين (من البصرة إلى عُمان) في الجاهلية والإسلام، أطياف للنشر والتوزيع - السعودية، الطبعة الأولى، 1434هـ/ 2013م.

(2) ياقوت الحموي، معجم البلدان، ج1، ص348.

(ب) الرِّدة[1]

بعد وفاة النبي ﷺ، ارتد كثير من أهل المنطقة الشرقية للجزيرة العربية، وامتدت الرِّدة إلى أطراف جزيرة العرب، ففي المنطقة الشرقية للجزيرة العربية ارتد من قيس بن ثعلبة بن عكابة عدد من الناس بقيادة الحطم[2]، كما ارتد كلُّ مَن بالبحرين من ربيعة خلا الجارود[3] ومن تبعه من قومه، وأمَّروا عليهم ابنًا للنعمان بن المنذر يُقال له المنذر، فسار الحطم حتى لحق بربيعة فانضمت إليه[4].

---

(1) لمعلومات أوفى عن الردة في البحرين ينظر: مرزوق، حسن سعيد، حركة الردة في البحرين، المؤسسة العربية للدراسات والنشر/ بيروت/ مركز الجلاوي للدراسات والبحوث - المنامة، الطبعة الأولى، 2005م، ص30 وما بعدها.

(2) الحطم: شريح بن ضبيعة بن عمرو بن مرثد، أحد بني قيس بن ثعلبة، والحطم لقبه، سُمي به لقوله: «قد لفَّها الليل بسوَّاق حطم». البلاذري، أحمد بن يحيى بن جابر بن داود (ت: 279هـ/ 892م)، فتوح البلدان، دار ومكتبة الهلال - بيروت، 1988م، ص90.

(3) بشر بن عمرو بن حنش بن المعلى العبدي: سيد عبد القيس (وهم بطن من أسد ربيعة)، كان شريفًا في الجاهلية، قيل: لُقِّب بـ«الجارود» لأنه كانت له إبل أصابها المرض فأخرجها عند أخواله فانتشر المرض في إبلهم، فقالت العرب: «جردهم!». وأدرك الإسلام، فوفد على النبي ﷺ ومعه جماعة من قومه، وكانوا نصارى، فأسلم، وفرح النبي ﷺ بإسلامه وأكرمه، وعاش إلى زمن الردة فثبت على عهده. ووجهه الحكم بن أبي العاص للقتال يوم «سهرك» فقُتل في عقبة الطين (موضع بفارس) شهيدًا سنة 20هـ/ 641م. ابن سعد، الطبقات، ج5، ص559؛ الزركلي، الأعلام، ج2، ص55. وقيل قتل سنة 17هـ/ 638م. ابن الأثير، عز الدين أبو الحسن علي بن محمد الشيباني (ت: 630هـ/ 1233م)، الكامل في التاريخ، تحقيق: عمر عبد السلام تدمري، دار الكتاب العربي - بيروت، الطبعة الأولى، 1417هـ/ 1997م، ج2، ص403. وقيل سنة 21هـ/ 642م. الذهبي، سير أعلام النبلاء، ج2، ص436. وكان الجارود حسن الإسلام، صلبًا على دينه حتى مات، وقد أدرك الردة، فلما رجع بعض من قومه عن الإسلام إلى دينهم أقام الجارود فشهد شهادة الحق ودعا إلى الإسلام فقال: «يا أيها الناس، إني أشهد ألا إله إلا الله وأن محمدًا عبده ورسوله، وأنهى من لم يشهد». ابن هشام، أبو محمد عبد الملك بن هشام بن أيوب الحميري المعافري (ت: 218هـ/ 833م)، السيرة النبوية، تحقيق: طه عبد الرؤوف سعد، دار الجيل - بيروت، الطبعة الأولى، 1411هـ، ج5، ص270.

(4) ياقوت الحموي، معجم البلدان، ج1، ص349.

وكان الخليفة الراشدي الأول أبو بكر الصديق رضي الله عنه (ت: 13هـ/ 634م) قد بعث العلاء بن الحضرمي واليًا على البحرين، فسار حتى نزل حصن جواثى(1)، الواقع في قرية جواثى في البحرين، وهي سكن عبد القيس(2)، فسار إليه من ارتد من أهل البحرين فحاصروه ومن معه في جواثى، فخرج العلاء عليهم بمن انضم إليه من العرب، وقاتلهم قتالًا شديدًا، ثم لجأ المسلمون إلى حصن جواثى، فحاصرهم فيه عدوهم، وفي ذلك يقول عبد الله بن حذف الكلابي:

ألا أبــلــغ أبــا بــكــر ألــوكــا   وفـتـيـان الـمـديـنـة أجـمـعـيـنـا
فهل لك في شباب منك أمسوا   أســارى في جـواث محاصرينا(3)

وظل العلاء بن الحضرمي صابرًا في موقعه، وكان الجيشان على أهبة الاستعداد، وعلى الرغم من تفوُّق المرتدين لكنهم ثملوا في ليلتهم، فخرج العلاء بالمسلمين وقاتلوا قتالًا شديدًا، وقُتل الحطم، وكان المنذر بن النعمان يُسمَّى «الغرور»، فلما ظهر المسلمون قال: «لست بالغرور ولكني المغرور»، ثم هرب – وقيل قُتل – هو وفلول ربيعة إلى الخط، فأتاها العلاء وفتحها(4)، وبذلك فتح البحرين كلَّها(5).

---

(1) جُواثَى أو جوثا: حصن لعبد القيس بأرض هَجَر. الزمخشري، جار الله أبو القاسم محمود بن عمرو بن أحمد (ت: 538هـ/ 1143م)، الجبال والأمكنة والمياه، تحقيق: أحمد عبد التواب عوض، دار الفضيلة للنشر والتوزيع – القاهرة، 1319هـ/ 1999م، ص91.

(2) الحازمي، زين الدين أبو بكر محمد بن موسى بن عثمان الهمداني (ت: 584هـ/ 1188م)، الأماكن أو ما اتفق لفظه وافترق مسماه من الأمكنة، تحقيق: حمد بن محمد الجاسر، دار اليمامة للبحث والترجمة والنشر، 1415هـ، ص277.

(3) الحميري، الروض المعطار، ص181.

(4) ياقوت الحموي، معجم البلدان، ج1، ص349.

(5) ياقوت الحموي، معجم البلدان، ج2، ص175.

ويبدو أن هذا النصر تحقَّق بعد مساندة خالد بن الوليد للعلاء، حيث تشير إحدى الروايات إلى أن العلاء كتب إلى أبي بكر يستمده، فكتب أبو بكر إلى خالد بن الوليد وهو في اليمامة يأمره بالنهوض إليه، فقدم عليه وقد قتل الحطم[1]، وهكذا عاد الإقليم الشرقي للجزيرة العربية إلى دوحة الدولة الإسلامية.

2- قطر في صدر الإسلام

(أ) قطر القاعدة الحربية للإسلام

لا شك أن المدينة المنورة (يثرب)، هي الحاضرة الأولى للدولة الإسلامية، وقاعدتها الحربية، فمنها انطلقت الجيوش للفتح، وفيها درس أعظم قادة الإسلام الذين تتلمذوا على يد رسول الله ﷺ، وكان مسجده ﷺ الحاضنة التي نمت فيها جذوة الإسلام في قلوب من حملوا لواءه إلى الدنيا بأسرها.

إن قادة الفتوح الإسلامية الذين بلغ عددهم مائتين وستة وخمسين قائدًا، كان منهم مائتان وستة عشر قائدًا[2] من صحابة الرسول القائد ﷺ، وممن تخرجوا على يديه.

هؤلاء هم الذين حملوا رايات الإسلام شرقًا وغربًا، فامتدت من حدود الصين شرقًا إلى شاطئ الأطلسي غربًا، وكانوا بذورًا متميزة نبتت وأثمرت في تربة المدرسة النبوية، وارتوت من عذب هديها، وأضحوا كالأشجار التي

---

(1) ياقوت الحموي، معجم البلدان، ج1، ص349.

(2) محمود شيت خطاب، «الرسالة العسكرية للمسجد الثكنة الأولى»، بحث منشور في مجلة البحوث الإسلامية، التي تصدر عن الرئاسة العامة لإدارات البحوث العلمية والإفتاء والدعوة والإرشاد، مجلد (2)، ص465.

ينتفع الناس بثمرها، ويستظلون بظلها؛ حيث ساعدوا على تحريرهم من الظلم والاضطهاد، ووفروا لهم الأمان، وأناروا لهم الطريق، وما زلنا نقتدي ببطولاتهم وتضحياتهم وأعمالهم العسكرية، وما زال نورهم متوهجًا.

أصبح من الضروري، بعد اتساع الرقعة الإسلامية، إيجاد قواعد حربية أخرى لتكون قاعدة للانطلاق والإمداد، ومن هنا ظهر عدد من القواعد الحربية في بعض الديار الإسلامية ومنها قطر، وربما كانت قطر من أهم القواعد الحربية في الإسلام، ويؤكد ذلك ظهورها كقاعدة حربية في بداية عهد الخليفة عمر. وقد ذكر أحد الباحثين أن قطر أحد مراكز الانطلاق العربي الإسلامي في الفتوحات الإسلامية، وكانت مركز الانقضاض الأول على الدولة الفارسية⁽¹⁾.

(ب) قطر القاعدة العسكرية البحرية الأولى في الإسلام

لقد خبر العرب البحر وركبوا سفنه للتجارة منذ زمن بعيد، لكنهم لم يركبوا سفنه للغزو. وحينما جاء الإسلام استمروا في ركوب سفن البحر للتجارة، ولم يُستخدم البحر للغزو في حياة رسول الله ﷺ أو خلافة أبي بكر رضي الله عنه⁽²⁾.

واستمرت الحال على هذا حتى عهد أمير المؤمنين عمر بن الخطاب رضي الله عنه (ت: 23هـ/ 644م)، حيث انطلقت في عهده أول حملة بحرية للجهاد في سبيل الله، وكان أول من ركب البحر في الإسلام للغزو هو العلاء بن الحضرمي رضي الله عنه وعن جنده⁽³⁾.

---

(1) حسين أمين، «دراسات تاريخية للخليج العربي»، ص13.
(2) المقريزي، أبو العباس تقي الدين أحمد بن علي بن عبد القادر الحسيني العبيدي (ت: 845هـ/ 1441م)، المواعظ والاعتبار بذكر الخطط والآثار، دار الكتب العلمية - بيروت، الطبعة الأولى، 1418هـ ج3، ص331.
(3) الزركلي، الأعلام، ج4، ص245.

وكان العلاء بن الحضرمي يومئذ واليًا على إقليم البحرين من قِبل خليفَتي رسول الله ﷺ، أبي بكر الصديق وعمر بن الخطاب رضي الله عنهما. وقد انطلق العلاء بن الحضرمي بغزوته دون علم أمير المؤمنين الخليفة عمر، الذي غضب من هذا العمل، لأنه لا يأذن لأحد في ركوب البحر غازيًا، كراهة للتغرير بجنده[1].

ويبدو أن العلاء بن الحضرمي ركب البحر للغزو من قطر، حيث إنها كانت من مراكز الانطلاق العربي الإسلامي في الفتوحات الإسلامية[2].

وعلى هذا، نعتقد أن أول أسطول بحري نقل الجيش العربي الإسلامي للجهاد في سبيل الله، انطلق من قطر، بقيادة العلاء بن الحضرمي، واتجه لفتح فارس، حيث كانت موانئ قطر في تلك الفترة الأكثر استعدادًا لهذه المهمة، فضلًا عن أنها كانت أقرب نقطة للانطلاق إلى فارس.

(ج) قطر قاعدة إمداد الجيش الإسلامي

كانت سواحل قطر العربية الإسلامية من أهم مراكز الانطلاق، كما كانت من أهم مراكز الإمداد البحري في معارك الخليج العربي أيام الفتوحات الأولى، وكذلك كانت مركز الانقضاض الأول على الدولة الفارسية[3]، فمنها خرج أول جيش للغزو إلى فارس، حيث جمع العلاء جيشه فيها، وفرَّق جنوده إلى ثلاث فرق، فجعل على أولاها الجارود بن المعلى رضي الله عنه، وعلى الثانية سوار بن همام[4] رضي الله عنه، وعلى الثالثة خليد بن

---

(1) المقريزي، المواعظ والاعتبار، ج3، ص331.
(2) حسين أمين، «دراسات تاريخية للخليج العربي»، ص13.
(3) حسين أمين، «دراسات تاريخية»، ص13.
(4) سوار بن همام: من بني مُرة بن همام. ذكر الرشاطي عن المدائني أنه وفد على النبي ﷺ، وحضر الفتوح بالعراق وله فيها ذكر، وولده عبد الله استعمله معاوية على بعض الهند، فاستشهد هناك.

المنذر[1] رضي الله عنه، وجعل خليدًا على عامة الناس فحملهم في البحر إلى فارس[2].

وعلى الرغم من الانتصارات التي تحققت لهم، فإن الفرس تقاطرت عليهم بعد أن حرقوا مراكب المسلمين، لكن النجدات التي أتت مددًا لهم عملت على تعزيزهم، ففتح الله على المسلمين بالنصر، وقُتل الكثير من أهل فارس، وعاد المسلمون بالغنائم إلى البصرة[3].

(د) مشاركة أهل قطر في الفتوحات الإسلامية

كان لقطر دور ريادي في المشاركة الفعَّالة في الفتوحات الإسلامية والجهاد في سبيل الله، حيث نهضت لتأدية هذا الدور العظيم، ومن أجله جنَّدت خيرة رجالها وأشجع فرسانها، وقد أبلى أهل قطر بلاء عظيمًا في معارك الشرف وفي نشر المبادئ الإسلامية السامية[4]. ومن بين الفتوحات التي شارك فيها أهل قطر، معارك فارس الأولى على سبيل المثال، حيث بادروا إلى ذلك وكانت لهم ملاحم وتضحيات، ثم عادوا إلى منازلهم[5] وهم على استعداد تام لتلبية أي أوامر أخرى لخوض معارك الشرف.

ينظر: ابن حجر العسقلاني، أبو الفضل أحمد بن علي بن محمد بن أحمد بن حجر العسقلاني (ت: 852هـ/ 1449م)، الإصابة في تمييز الصحابة، تحقيق: عادل أحمد عبد الموجود وعلي محمد معوض، دار الكتب العلمية - بيروت، الطبعة الأولى، 1415هـ، ج3، ص184.

(1) خليد بن المنذر بن ساوى العبدي، هو ابن الملك المنذر، ويرى ابن حجر العسقلاني أنه من الصحابة، إذ يقول: «... إنهم كانوا لا يؤمِّرون إلا الصحابة، فدل على أن لخليد وفادة والله أعلم»، ولا يعلم تاريخ وفاته. الإصابة في تمييز الصحابة، ج2، ص288.

(2) المقريزي، المواعظ والاعتبار بذكر الخطط والآثار، ج3، ص332.

(3) المقريزي، المواعظ والاعتبار بذكر الخطط والآثار، ج3، ص332.

(4) حسين أمين، «دراسات تاريخية للخليج العربي»، ص13.

(5) المقريزي، المواعظ والاعتبار بذكر الخطط والآثار، ج3، ص332.

3- العصران الأموي والعباسي

(أ) المعارضة في العصرين الأموي والعباسي

ظهرت الحركة السياسية التي سُميت بـ«الخوارج» في عهد علي بن أبي طالب كرم الله وجهه، حيث انطلقت من مدينة الكوفة، ثم امتدت إلى أطراف الدولة العربية الإسلامية، وخصوصًا قطر والمنطقة الشرقية للجزيرة العربية. ثم تزايد انتشار الخوارج، فظهر نجدة بن عامر الحروري الحنفي في زمن عبد الله بن الزبير، في جماعة من بني قومه وأنصاره من حملة هذا المذهب، وأتى إلى المنطقة الشرقية للجزيرة العربية واستقرَّ بها وأطلق على نفسه «أمير المؤمنين»، وانتشر عماله في اليمامة وعُمان وهجر[1]. ومن قطر برز أشهر قائد للخوارج وهو قَطَرِيُّ بن الفجاءة[2]، فقلدوه الزعامة، «وكان حقًّا رجلًا

---

(1) ينظر شذرات من تاريخ الحروري. اليعقوبي، أبو يعقوب أحمد بن إسحاق بن جعفر (ت بعد: 292هـ/ 905م)، البلدان، دار الكتب العلمية - بيروت، الطبعة الأولى، 1422هـ، ص138؛ ابن جبير، محمد بن أحمد بن جبير الكناني الأندلسي (ت: 614هـ/ 1217م)، رحلة ابن جبير، دار بيروت للطباعة والنشر - بيروت، الطبعة الأولى، ص31؛ ياقوت الحموي، معجم البلدان، ج2، ص147، 150؛ ج4، ص378؛ ج5، ص56.

(2) قطري بن الفجاءة: أحد شعراء الخوارج المبرزين، ومن فرسانهم المعدودين، يرتفع نسبه إلى «مالك بن عمرو بن تميم المازني»، وكانت له كنيتان: كنية في السِّلْم «أبو محمد»، وكنية في الحرب «أبو نعامة»، ونعامة فرسه، وقيل ابنته، والفجاءة لقبٌ لأبيه، لأنه غاب في اليمن زمنًا ثم أتى قومه فُجاءة، واسم أبيه هذا جَعْوَنَة بن يزيد بن زياد، وُلد في البادية سنة 30هـ/ 651م، بـ«الأعدان»، وهو المكان المعروف اليوم بـ«المعدان» شمال قطر. ينظر ترجمته: ابن قتيبة، أبو محمد عبد الله بن مسلم الدينوري (ت: 276هـ/ 885م)، عيون الأخبار، دار الكتب العلمية - بيروت، 1418هـ، ج1، ص269؛ المعارف، تحقيق: ثروت عكاشة، الهيئة المصرية العامة للكتاب - القاهرة، الطبعة الثانية، 1992م، ج1، ص441؛ ابن المبرد، أبو العباس محمد بن يزيد المبرد (ت: 285هـ/ 898م)، الكامل في اللغة والأدب، تحقيق: محمد أبو الفضل إبراهيم، دار الفكر العربي - القاهرة، الطبعة الثالثة، 1417هـ/ 1997م، ج3، ص248؛ ابن مسكويه،

شجاعًا مقدامًا كثير الحروب، قويَّ النفس لا يهاب الموت»، وبقي ثلاثة عشر عامًا يقاتل ويُسلَّم عليه بالخلافة وإمارة المؤمنين[1]. وتُوصف حركة قَطَري بأنها حركة سياسية ضد حُكم بني أمية، أكثر منها دينية. وقد تميَّزت منطقة شرق الجزيرة العربية بالاستقلال، فكانت تميل إلى الثورة إذا استشرى الظلم، ولذلك بدا قَطَري كأنه ثائر ضد صنوف الظلم والطغيان، وخاض

أبو علي أحمد بن محمد بن يعقوب مسكويه (ت: 421هـ/ 1030م)، تجارب الأمم وتعاقب الهمم، تحقيق: أبو القاسم إمامي، سروش - طهران، الطبعة الثانية، 2000م، ج2، ص221؛ ابن حزم، أبو محمد علي بن أحمد بن سعيد بن حزم الأندلسي (ت: 456هـ/ 1063م)، جمهرة أنساب العرب، دار الكتب العلمية - بيروت، الطبعة الثالثة، 1424هـ/ 2004م، ج1، ص212؛ الأصبهاني، أبو القاسم عبد الرحمن بن محمد بن إسحاق (ت: 470هـ/ 1078م)، المستَخرجُ من كُتب الناس للتَّذكرة - والمستطرف من أحوال الرِّجال للمعرفة، تحقيق: عامر حسن صبري التميمي، وزارة العدل والشؤون الإسلامية - البحرين، ج3، ص97؛ ابن الجوزي، شمس الدين أبو المظفر يوسف بن قِزْأُوغلي بن عبد الله (ت: 654هـ/ 1256م)، مرآة الزمان في تواريخ الأعيان، تحقيق وتعليق: محمد بركات وآخرين، دار الرسالة العالمية - دمشق، الطبعة الأولى، 1434هـ/ 2013م، ج9، ص221؛ ابن خلكان، أبو العباس شمس الدين أحمد بن محمد بن أبي بكر (ت: 681هـ/ 1282م)، وفيات الأعيان وأنباء أبناء الزمان، تحقيق: إحسان عباس، دار صادر - بيروت، الطبعة الأولى، ج4، ص93؛ الذهبي، شمس الدين محمد بن أحمد بن عثمان (ت: 748هـ/ 1374م)، تاريخ الإسلام ووفيات المشاهير والأعلام، تحقيق: عمر عبد السلام تدمري، دار الكتاب العربي - بيروت، الطبعة الأولى، 1407هـ/ 1987م، ج5، ص510؛ ابن كثير، أبو الفداء إسماعيل بن عمر (ت: 774هـ/ 1373م)، البداية والنهاية، تحقيق: عبد الله بن عبد المحسن التركي، دار هجر للطباعة والنشر والتوزيع والإعلان، الطبعة الأولى، 1418هـ/ 1997م، سنة النشر: 1424هـ/ 2003م، ج12، ص293؛ عمر أبو النصر، سيوف أمية في الحرب والإدارة: الموسوعة التاريخية: العرب والإسلام، المكتبة الأهلية - بيروت، 1963م، ص233؛ القلماوي، سهير، أدب الخوارج في العصر الأموي، لجنة التأليف والترجمة - القاهرة، 1945م، ص56؛ الشمري، هزاع بن عيد، «قطري بن الفجاءة: الشاعر الفارس»، مجلة رؤى، العدد (4)، 1999م، ص28-35.

(1) ينظر في ذلك: ياقوت الحموي، معجم البلدان، ج1، ص220، 474؛ ج3، ص202؛ الحميري، الروض المعطار، ص45، 247، 320.

حروب التحرُّر والنضال ضد بطش حكام بني أمية، معتقدًا أن الموت في سبيل نصرة مبادئه يُمثِّل راحة للضمير ونصرة للمبدأ.

ولم تكن قطر بمنأى عما سُمي بـ«ثورة الزنج»، فيُذكر أن صاحب الزنج علي بن محمد زار البحرين قبل إعلان الثورة، وادَّعى أنه ينتسب إلى آل علي، فتبعه عدد من أهل هجر، ورفض دعوته آخرون، ثم خرج إلى الأحساء إثر فتنة دامية بين مؤيديه ومعارضيه، وقد وجد في الأحساء تأييدًا ونجاحًا كبيرين عاد على إثرهما إلى البصرة للإعداد للثورة، وكان لهذه الثورة آثارها الاقتصادية البعيدة، حيث أحدثت تخلفًا اقتصاديًّا كبيرًا، وكانت مناطق الخليج أشد المناطق تأثيرًا بعد البصرة[1].

كان إقليم المنطقة الشرقية للجزيرة العربية - قطر، وعُمان، والبحرين الحالية، وغيرها - خلال العصرين الأموي والعباسي، ساحةً للمعارضة ضد الحكم، ولم يكن الإقليم وحده فحسب، بل انتشرت المعارضة في الحجاز واليمن، وفي العراق الذي كان مصدرًا للأفكار الثورية، ومنه خرجت الأفكار إلى مختلف الأمصار.

وإذا ما أمعنا النظر في تاريخ أي أمة، فسنلاحظ عددًا من حركات المعارضة التي تُعبِّر عن نزوع فكري يهدف إلى تحريك المجتمع وتغيير بنيته السياسية، وعن سخط اجتماعي صاخب على الوضع المتردي يهدف إلى تحسين هذا الوضع ودفع المجتمع نحو التغيير والتجديد. وقد كانت المعارضة السياسية الدينية في العصرين الأموي والعباسي تبرز بين الفينة والأخرى، وطابعها العام التذبذب بين مدٍّ وجزر، وضعف وقوة، وتطور وانحسار، مكتسبة طابع الشمول تارة، والخصوص تارةً أخرى[2].

---

(1) حسين أمين، «دراسات تاريخية»، ص15.

(2) عن تلك الحركات ينظر: البكري، المسالك والممالك، ج1، ص371.

لا شك أن التنوُّع هو السمة السائدة في اتجاهات المعارضة: تنوُّع الأهداف السياسية الدينية، بل والاجتماعية الاقتصادية، وتنوُّع الجماعات والفِرق، والطوائف والأحزاب، والمدارس الفكرية والمذاهب الدينية. وقد تأثرت منطقة قطر وعُمان والبحرين والأحساء والقطيف بتيارات المعارضة، وكان لقطر النصيب الأكبر منها.

ويبدو جليًّا أن المنطقة الشرقية للجزيرة العربية لم تكن دائمًا في صف المعارضة، وكثيرًا ما تصدَّت لحركات المعارضة، كما رأينا في ثورة نجدة التي وقفت ضدها مناطق البحرين ودخلت معها في صراع مرير[1].

(ب) قطر رباط الإسلام في العصرين الأموي والعباسي

مما لا شك فيه أن الأمويين، ومن بعدهم العباسيون، اهتموا اهتمامًا بالغًا بالثغور وتحصينها، خصوصًا الثغور ذات الأهمية، سواء البرية المتاخمة للروم أو البحرية التي يُخشى هجوم العدو من خلالها.

ونظرًا إلى كون قطر ذات أهمية كبيرة لديار الإسلام، فقد كانت إحدى المناطق التي لفتت انتباه الدولتين الأموية والعباسية، فعملتا على تحصينها، ونشر المعسكرات فيها. ومن الشواهد التاريخية على ذلك ما أظهرته لنا الآثار في «مروب»، حيث اكتُشفت بقايا قلعة. ومن خلال الدراسات التي قامت بها البعثة الفرنسية لآثار هذه القلعة والمنطقة المحيطة بها، تبيَّن أنها تعود إلى بداية العصر العباسي[2]. ويبدو أن هذه القلعة بُنيت لأسباب دفاعية ضمن الخطة العسكرية للدولة العباسية التي كانت تهدف إلى تحصين مناطق الثغور الإسلامية.

---

(1) ينظر على سبيل المثال: ياقوت الحموي، معجم البلدان، ج4، ص378.

(2) تقرير البعثة الدنماركية، غير منشور، نقلًا عن موقع مروب، 1974م.

(ج) قطر المركز الاقتصادي في العصرين الأموي والعباسي

تُعد قطر من أشهر المراكز الاقتصادية في الساحل الشرقي لشبه الجزيرة العربية على وجه الخصوص، ومنطقة شبه الجزيرة العربية بشكل عام، فقد كانت من أهم مراكز الثقل الاقتصادي لهذه المنطقة، واشتهرت بمجالات الاقتصاد المختلفة منذ القدم، وكانت مركزًا صناعيًّا تميَّز بجودة مصنوعاته التي ذاع صيتها بين جنبات المعمورة. وفي عصر الأمويين أصبحت قطر ذات شأن كبير في المجال الاقتصادي، فكانت مركزًا لتربية الجِمال[1]، ومركزًا صناعيًّا كبيرًا[2]. أما في العصر العباسي (الأول) فقد كانت قطر مركزًا صناعيًّا ضم كثيرًا من الصناعات، فضلًا عن النشاط التجاري البحري بعد أن اتخذ العباسيون العراق مركزًا لهم، وأصبحت البصرة سوقًا تجارية مهمة للتجارة مع الشرق، ونشطت قوافل العراق المتجهة إلى أواسط آسيا وشمال الهند بمحاذاة الخليج[3]. ونستطيع أن نقف على الحركة التجارية في الخليج من خلال كثرة السفن وازدحامها في مرساها، حيث كانت تُرى مشتبكة بين صاعد ومنحدر[4].

وشهد العصر العباسي (الأول) تطورًا في صناعة اللؤلؤ في البحرين بما فيها قطر، وازداد الطلب على اللؤلؤ القطري والتجارة به[5]، حيث كان

---

(1) ياقوت الحموي، معجم البلدان، ج4، ص373.

(2) ياقوت الحموي، معجم البلدان، ج4، ص373؛ الحازمي، الأماكن أو ما اتفق لفظه وافترق مسماه من الأمكنة، ص682.

(3) الإصطخري، أبو إسحاق إبراهيم بن محمد الفارسي (ت: 346هـ/ 957م)، المسالك والممالك، دار صادر - بيروت، ص135.

(4) ابن حوقل، صورة الأرض، دار صادر - أفست ليدن (بيروت)، 1938م، ج1، ص238.

(5) الحميري، الروض المعطار، ص213.

يُستخرج منها اللؤلؤ الجيد[1]. وكانت هناك أصناف عديدة للؤلؤ، منها المدحرج الذي يُسمَّى «القار»، لكن أكبره وأجوده كان اللؤلؤ القطري الذي تمتع بشهرة كبيرة في التجارة[2]، مما جعله في صدارة منتجات الخليج العربي.

وكانت قطر حاضرة السلام في دولة الإسلام، فوفد إليها الناس من كل الحواضر، واشتهرت أيضًا بوصفها حاضرة اقتصادية، فكانت تمد خزانة الدولتين الأموية والعباسية بالمال الوفير، وذلك لتعدُّد مصادر اقتصادها، من موانئ ولؤلؤ وصناعات مختلفة[3].

---

(1) ابن رسته، الأعلاق النفيسة، ص87.

(2) ابن ماسويه، يحيى (ت: 243هـ/ 857م)، الجواهر وصفاتها، تحقيق: عماد عبد السلام - مصر 1977م، ص26.

(3) كان الخليج من الروافد المهمة لخزانة الدولة العباسية، فلو أخذنا مثلًا اللؤلؤ وما يعود على الخزانة العباسية، فقد كانت السلع تُحمل من الخليج في السفن مع ما يُستخرج من اللؤلؤ إلى العراق. حسن إبراهيم، تاريخ الإسلام السياسي والديني والثقافي والاجتماعي، دار النهضة المصرية - القاهرة، 1968م، ج1، ص62. كما تعد عمليات الغوص على اللؤلؤ من الموارد المهمة للدولة العباسية، ففي عهد الخليفة الرشيد كانت عملية الإشراف على الغوص على اللؤلؤ من الأمور التي يُنص عليها عند تعيين الولاة على البحرين وباقي سواحل الخليج العربي، فقد ولَّى الرشيد قائده المعلى على البصرة وفارس والأهواز واليمامة والبحرين و«الغوص» مدة ولايته، ثم انتقلت هذه الوظيفة إلى محمد بن سليمان بن علي العباسي مدة ولايته، ثم إلى عمارة بن حمزة. حسين علي، تجارة العراق في العصر العباسي، الكويت، 1402هـ/ 1982م، ص378.

الفصل الثالث
الأوضاع الاقتصادية

تمهيد

مما لا شك فيه أن التطور الاقتصادي والإنتاج الحضاري ليسا محض مصادفة، كما أنهما ليسا حكرًا على شعب دون سواه من الشعوب والأمم، وليس بمقدور بلد أن ينتزعهما من بلد آخر، حتى وإن فُرض عليه الحصار، فالفكر لا يعترف بحدود، ولا تُفرض عليه قيود، ولا تمنعه السياجات الفولاذية، والنهر الجاري من أعلى المرتفعات، قادر على شق طريقه، ولا تستطيع الصخور اعتراضه، وأنَّى لها أن تعترض طريقه، وماؤه المتدفق يجرف ما يقف أمامه ويأبى إلا أن يصل إلى مصبه.

إن حصيلة صراع الإنسان مع الطبيعة، وما عليها، وتفاعله مع البيئة المحيطة، ومثابرته وإصراره على تحقيق المزيد من السيطرة على الطبيعة وعلى نفسه، تجعله صبورًا، وتُوجِّه فكره لتسخير الطبيعة لصالحه. وهكذا كان الفلاح والتاجر والحِرفي القطري منذ القدم، فقد أقاموا اقتصادهم، وروَّضوا بيئتهم، وأطلقوا عنان الأفكار في الآفاق.

كما ذكرنا سابقًا، كانت قطر، وما زالت، من أهم مراكز الثقل الاقتصادي لهذه المنطقة منذ القدم. وقد تنوَّعت مصادرها الاقتصادية، حيث مارس القطري الزراعة على الرغم من جفاف الطبيعة وقسوة المناخ، واستطاع الفلاح القطري أن يُروِّض الطبيعة ويُطوعها لصالحه، فأنتج عددًا من المحاصيل الزراعية، وربى الماشية والطيور.

كما لا يخفى دور قطر التجاري، الضارب بجذوره في عمق التاريخ، حيث اشتهرت بأسواقها التجارية، وموانئها المزدهرة، وموقعها الجغرافي المتميز، وتجارها الذين كانوا ذوي خبرة في التجارة، فضلًا عن ارتباطها بعلاقات تجارية مع كثير من البلدان. وقد غذت حركة التجارة والرحلات التجارية العقل القطري، وجعلته يُركِّز على تجارب الأمم التي تعامل معها، فنتج عن ذلك انفتاح حضاري قطري على العالم الخارجي[1].

وتوفَّر في قطر عدد من المقومات الطبيعية والبشرية، مما أهَّلها لممارسة الصناعة. وقد أبدع الحِرفي القطري في مصنوعاته منذ القدم، فأنتج عددًا من المصنوعات ذات الشهرة الواسعة، التي أصبحت مضرب الأمثال وهدف الشعراء، ومن أمثلة ذلك ما نجده في قول الشاعر:

كَساكَ الحَنظَليُّ كِساء صُوفٍ   وقِطريًّا فأنتَ به تَفيدُ[2]

ومن الثابت أن الحياة الاقتصادية لأي مجتمع هي دعامة أساسية في استمراره وبقائه، وتشمل الحياة الاقتصادية الأنشطة الزراعية والصناعية والتجارية، كما يرتبط الرعي وتربية الماشية بالأنشطة الاقتصادية.

وعلى هذا الأساس، فإن مجالات النشاط الاقتصادي (الزراعة والثروة الحيوانية، والتجارة، والصناعة)، هي موضوع هذا الفصل.

وثمة ملاحظة مهمة تجب الإشارة إليها قبل بدء الحديث عن المجالات الاقتصادية، وهي أن الارتباط الوثيق بين البحرين وقطر، والخلط بين الكلمتين الذي أشرنا إليه سابقًا، جعلا الجغرافيين والرَّحالة في العصور

---

(1) عن تلك العلاقات مع الحضارات الأخرى ينظر الفصل الثاني.

(2) ياقوت الحموي، معجم البلدان، ج4، ص373.

الوسطى يتكلمون عن قطر أثناء كتاباتهم عن البحرين(1)، ومن هنا حدثت إشكالية المعلومات، ولهذا فإن ما يعم على البحرين يعم على قطر.

أولًا: الزراعة والثروة الحيوانية

1- الزراعة

للزراعة في قطر تاريخ طويل، فقد اشتهرت بالواحات ومنتجاتها الزراعية المختلفة على مرِّ السنين. وعلى الرغم من أن المناطق الشرقية للجزيرة العربية (الخليج العربي) ليست مثل مناطق جنوب وشمال الجزيرة العربية، من حيث خصوبة التربة، وتوفر المناخ الملائم للزراعة، ووفرة المياه، فإن هذا لا يعني عدم وجود الزراعة.

ومثل غيرها من مناطق الخليج، وُجدت في قطر بعض الزراعات، حيث ساعدت المقومات الطبيعية، كالتضاريس، وخصوبة التربة في بعض الواحات، ووفرة المياه مختلفة المصادر، على قيام بعض الزراعات التي تتناسب مع طبيعة المنطقة المناخية، ويذكر أحد مصادر الرحلات أن المنطقة الشرقية تتوفر فيها مصادر المياه من عيون وآبار سطحية(2).

وأحسب أن المقومات البشرية في قطر لها دور إيجابي كبير في العملية الزراعية، فوفرة الأيادي العاملة ساعدت على القيام بالعمليات الزراعية وتشييد المنشآت الخاصة بها. وكما هو معروف، فإن الزراعة وليدة التفاعل

---

(1) الشامي، أحمد، «العلاقات التجارية بين دول الخليج وبلدان الشرق الأقصى وأثر ذلك في بعض الجوانب الحضارية في العصور الوسطى»، مجلة المؤرخ العربي، مركز دراسات الخليج العربي، جامعة البصرة - البصرة، العدد (12)، 1980م، ص92.

(2) البكري، المسالك والممالك، ج1، ص367.

بين الظروف المناخية والواقع التضاريسي، وقد نتج عن هذا التفاعل ظهور بيئات مناخية مختلفة باختلاف السطح، وأدى ذلك إلى تنوع المحاصيل الزراعية، كزراعة الحبوب، والأشجار البرية المختلفة.

وتُعد الأمطار من أهم مقومات الزراعة في قطر، حيث تحصل على قدر لا بأس به من الأمطار، إضافةً إلى مصادر المياه الأخرى، كالمياه السطحية مثل المآجل والمسايل والغيول، كما وجدت في قطر المياه الجوفية، كالينابيع والآبار(3).

لم يكن المزارع العربي بشكل عام، والقطري على وجه الخصوص، يزاول العملية الزراعية ارتجاليًّا، بل كان يمارسها وفق شروط معروفة لديه، وخطط مُعدَّة سلفًا، تدل على مهارة وخبرة كبيرتين. وقد استخدم المزارعون القطريون السماد («الزبول»، ويُسمى أيضًا «الدَّمان» أو «الدَّمن») من مخلفات الحيوانات والطيور بهدف تخصيب الأرض وزيادة إنتاجها، حيث ذُكر أن بعضًا من جزائر قطر الخالية كانت تأوي إليها أجناس من الطير البحري والبري، فتجتمع بها من زبولها كميات كثيرة تُستخدم كسماد للمزروعات من الكروم والنخل والجنات والبساتين(4).

وقد عني الفلاحون بالتسميد من أجل زيادة خصوبة الأرض، وعرفوا أنواع الأسمدة، واستخدموا مخلفات الحيوانات من عدة أنواع، وخلطوها في حفرة، وصبوا عليها الماء لتتحلل، ثم لا تُستعمل إلا بعد مُضي عام(5).

---

(3) جواد علي، المفصل في تاريخ العرب، ج1، ص174.

(4) الإدريسي، نزهة المشتاق، ج1، ص162.

(5) ابن بصا، أبو عبد الله محمد بن إبراهيم (ت: 499هـ/ 1105م)، كتاب الفلاحة، تحقيق: خوشيه ماريا تطوان، 1955م، ص126.

أما المزروعات التي تُزرع في البحرين (ومنها قطر) فهي متشابهة، حيث نجد النخيل الذي اشتهرت بزراعته مدن الخط[1]، ويؤكد ذلك قول الأعشى:

فإن تمنعوا منا المشقَّر والصفا فإنَّا وجدنا الخطَّ جمًّا نخيلها[2]

وقد قيل في تفسير قول الأعشى، إن الخط خط عبد القيس (القطيف والعقير وقطر) وهو كثير النخل[3]. ومن المحاصيل المشهورة في الخليج، ومنها قطر: التين، والأترج، والقطن[4]، والعنب[5]، والحنطة، والشعير، والحناء، والموز، والرمان[6]، والتمور[7].

2- الثروة الحيوانية

اشتهرت قطر بالثروة الحيوانية منذ القدم، وقد ذكر بعض الرَّحالة أن نجائب الإبل تُنسب إليها، ووصف الشعراء النجائب القطرية، ومنهم جرير إذ يقول:

---

(1) الخُطُّ: الخط هو خط عُمان، في سيف البحرين، والسيف كله الخط، وفيه القطيف والعقير وقطر. البغدادي، مراصد الاطلاع على أسماء الأمكنة والبقاع، ج1، ص473.

(2) ياقوت الحموي، معجم البلدان، ج3، ص378.

(3) ياقوت الحموي، معجم البلدان، ج2، ص378. وينظر أيضًا: ناصر خسرو، أبو معين الدين ناصر خسرو الحكيم القبادياني المروزي (ت: 481هـ/ 1088م) سفر نامة، تحقيق: يحيى الخشاب، دار الكتاب الجديد - بيروت، الطبعة الثالثة، 1983م، ص94.

(4) القزويني، زكريا بن محمد بن محمود (ت: 682هـ/ 1283م)، آثار البلاد وأخبار العباد، دار صادر - بيروت، ص77.

(5) أبو الفداء، تقويم البلدان، ص83.

(6) البكري، المسالك والممالك، ج1، ص371؛ العاني، عبد الرحمن بن عبد الكريم، تاريخ البحرين في العصور الإسلامية الأولى، دار الحكمة - لندن، الطبعة الأولى، 1420هـ/ 1999م، ص105-106.

(7) أبو الفداء، تقويم البلدان، ص99.

لَـديَّ قَطَريَّات إذا ما تَغَوَّلَت بِها البِيدُ غاولنَ الحُزُومَ الفَيافيا[1]

ويقصد الشاعر هنا بالقطريات: النجائب (الإبل)، لاشتهار قطر بتربية الإبل، حتى إن الشعراء كانوا يضربون بإبلها الأمثال[2]، ولذلك غلب اسم «قطر» على النجائب.

وذكرت المصادر أيضًا اشتهار قطر بالنعام، فقال أحد الشعراء عن النعام القطرية:

الأَوْبُ أَوْبُ نَـعـائِـمٍ قَطَريَّةٍ والآلُ آلُ نخائصٍ حُـقُـبِ[3]

وهو بهذا ينسب النعام إلى قطر لاتصالها بالبر ومُحاذاتها رمال الربع الخالي.

كما اهتم القطريون بتربية البعير[4]، ووُصفت البحرين، ومن ضمنها قطر، بأنها مركز لتصدير الخيول والإبل[5].

ثانيًا: التجارة

1- أهمية موقع قطر التجاري

ساعد موقع قطر الجغرافي، في ملتقى خطوط الملاحة، على دعم الجانب التجاري فيها، فهي تُطل على الخليج العربي، وتمر بها خطوط

---

(1) البكري، معجم ما استعجم من أسماء البلاد والمواضع، ج3، ص1082؛ الحازمي، الأماكن، ص783؛ ياقوت الحموي، معجم البلدان، ج4، ص373.

(2) ياقوت الحموي، معجم البلدان، ج4، ص373.

(3) الحازمي، الأماكن، ص783؛ ياقوت الحموي، معجم البلدان، ج4، ص373.

(4) ياقوت الحموي، معجم البلدان، ج4، ص373؛ الشامي، «العلاقات التجارية»، ص92.

(5) البكري، معجم ما استعجم من أسماء البلاد والمواضع، ج3، ص926؛ تايلور وفرانسيس (Taylor & Francis)، ظهور قطر (The Emergence Of Qatar)، لندن (London)، 2006م، ص34.

التجارة بين جنوب الخليج وشماله، مما جعلها تلعب دور الوسيط التجاري بين البلدان الواقعة في جنوب الخليج وشماله، فضلًا عن الوساطة التجارية بين مناطق شرق الخليج العربي.

وقد كانت التجارة البحرية القادمة إلى ساحل الخليج من مختلف البلدان تسلك مسلك المياه القطرية، ويؤكد ذلك ما ذكره أحد الرَّحالة من أن أول ما يظهر للعيان أثناء الوصول إلى الخليج هي جزائر قطر[1].

فضلًا عن ذلك، كانت كثير من تجارة الشرق الإفريقي والموانئ في رحلاتها إلى الهند والصين تتخذ الطريق المؤدي إلى الخليج العربي، حيث تدخل إلى موانئها، مثل سيراف وقطر والبحرين، وترسو فيها، وتتبادل معها البضائع، ثم تغادر إلى بلاد الهند والصين، ويحدث العكس أثناء طريق عودتها[2].

وكان للطُّرق التجارية البرية أيضًا دور كبير في تنشيط التجارة بين قطر ومناطق الجزيرة، وساعد على ذلك وجود كثير من الموانئ في قطر وما يجاورها، حيث كانت البضائع القادمة من البحار تُنقل برًّا إلى مختلف مناطق الجزيرة العربية الداخلية، وكانت القوافل تحمل إلى شواطئ الخليج ذات النشاط التجاري البري، السلع المختلفة، وتعود بعدها وقد حملت سلعًا أخرى كثيرة[3].

وتجدر الإشارة إلى أن الطرق التجارية، البرية والبحرية، التي ربطت سواحل شرق الجزيرة العربية عامة وشبه الجزيرة القطرية خاصة، بحضارات

---

(1) الإدريسي، نزهة المشتاق، ج1، ص162.
(2) ينظر الفصل الرابع: الطرق التجارية.
(3) موريتز (Moritz)، الجزيرة العربية، دراسات عن الجغرافيا الطبيعية والتاريخية للبلاد (Arabien, Studien zur Physikalischen und Historischen Geographie des Landes)، هانوفر (Hanover)، 1923م، ص15.

البلدان القديمة، كانت ذات أهمية تجارية وحضارية كبيرة؛ لم تقتصر على حجم البضائع ومردودها الاقتصادي فحسب، بل أنتجت حوارًا حضاريًا وثقافيًا وعلاقات إنسانية. ومن المؤكد - كما أحسب - أن طبوغرافية المنطقة، وما يتوفر من عوامل تجارية، هي شروط رئيسية تُحدِّد اتجاه الطريق الذي تسلكه قوافل التجارة، مع مراعاة أن الطريق قد يتحوَّل أحيانًا تبعًا لعوامل سياسية أو اقتصادية، فينتج عن ذلك ظهور مراكز تجارية واندثار أخرى. ومن الملاحظ أن كثيرًا من الطُّرق البرية اندثرت معالمها خلال الأزمنة التاريخية التي تواصلت لأكثر من 4000 عام، مما جعل التعرف على طرق التجارة أمرًا صعبًا، وما ذكرته بعض المصادر ما هو إلا شيء يسير، حيث اندثر كثير من الطُّرق، ولكن من خلال موقع المنطقة نستطيع الحكم على الأهمية التجارية، وكانت هذه هي الحال بالنسبة إلى قطر[1].

2- شهرة قطر في مجال التجارة منذ العصور القديمة

بالعودة إلى الاكتشافات الأثرية وتقارير الأثريين، يتضح جليًّا دور قطر التجاري وشهرتها في عالم التجارة منذ أقدم العصور، حيث دلَّت الآثار في عدد من المواقع على أن قطر كانت على صلات تجارية مع حضارات الجزيرة العربية وبلاد الرافدين، ومع عدد من بلدان الشرق الإفريقي واليونان

---

[1] من خلال الاطلاع على كتب الرَّحالة بشكل عام، يتضح أن ما كتبه رحالة في قرنٍ عن الطرق، يختلف عما كتبه رحالة آخرون في قرنٍ آخر. ومع أن هناك أسبابًا كثيرة لهذا الاختلاف، لكن اندثار بعض الطرق يُعد من الأسباب الرئيسية لعدم ذكرها في فترات لاحقة. ومن الأمثلة "الجرها" التي كانت الطرق ترتبط بها، والتي أسهبت النقوش وكتب الرحلات الرومانية واليونانية في ذكرها، فلا نجد لها ذكرًا في مصادر الرحلات في القرون الأولى للهجرة إلا اليسير، كما أن ظهور مراكز تجارية يؤدي إلى ظهور طرق جديدة وإهمال أخرى، فالبصرة التي شُيدت في الإسلام كانت من الأسباب التي أدت إلى ظهور طرق جديدة.

والرومان والهند وغيرها. وتؤكد هذه العلاقات التجارية واسعة النطاق بين قطر والبلدان الأخرى، على أنها لم تكن مجرد علاقات تجارية بسيطة، أو جرت في مدة زمنية محدودة، بل إنها علاقات عميقة مارستها قطر باحتراف[1].

في القرن الخامس قبل الميلاد ظهرت قطر للعيان كمركز تجاري مهم، ويؤكد ذلك إشارة المؤرخ اليوناني «هيرودوس» إلى قطر، فضلًا عن أن عالم الجغرافيا «بطليموس» ضمَّن خريطته (خريطة العالم العربي) ما أسماه «قطارا»، ويُعتقد أنها إشارة إلى «الزبارة» القطرية التي اكتسبت شهرتها كأحد أهم الموانئ التجارية في منطقة الخليج في ذلك الوقت[2].

وقد ذُكرت قطر في كتب الرَّحالة، مما يدل على شهرتها في عالم التجارة منذ أزمنة، وكفى على ذلك شاهدًا ما ذُكر من شهرة «الخط»، التي كانت قطر إحدى مدنها[3]، فضلًا عن أسواقها القديمة قدم الدهر[4].

ونتيجة لتعدُّد أسواقها خُصصت أسواق لتجارات معينة، منها السوق المخصصة لتجارة الإبل[5]، وقد استمرت في دورها التجاري طوال العصر

---

(1) لمعلومات أوفى عن تلك الصلات التجارية يمكن الرجوع إلى الفصل الثاني تحت عنوان: المحطات التاريخية لقطر أثناء عصور ما قبل الميلاد. وينظر أيضًا: الخليفي، محمد جاسم وآخرون، آثار الزبارة ومروب، إدارة المتاحف والآثار - الدوحة، 1987م، ص57.

(2) خليفة وهيا رايس ومايكل (Michael & HayaRice & Khalifa)، البحرين عبر العصور: الآثار (Bahrain Through the Ages: The Archaeology)، روتليدج (Routledge)، 1986م، ص79، 215.

(3) ياقوت الحموي، معجم البلدان، ج4، ص373. وينظر أيضًا: الحازمي، الأماكن أو ما اتفق لفظه وافترق مسماه من الأمكنة، ص682.

(4) معجم البلدان، ج4، ص373.

(5) الأحسائي، محمد بن عبد الله بن عبد المحسن، تحفة المستفيد في تاريخ الأحساء في القديم والجديد، تعليق: حمد الجاسر، مكتبة الأحساء الأهلية - الأحساء، الطبعة الثانية، 1402هـ/ 1982م، القسم الأول، ص23.

الإسلامي حتى أصبحت في القرن العاشر الهجري/ السادس عشر الميلادي من أهم بلدان الجزيرة العربية[1].

3- تميُّز التُّجار القطريين

كان القطريون تجارًا نشطين يعملون في نقل البضائع من البحرين وسيراف والبصرة وعُمان وإليها، فيجوبون البحار ذهابًا وإيابًا، وكانت لهم شهرة تجارية في بعض التجارات التي يحتكرونها[2].

وكما ذكرنا، فقطر وجزر البحرين تميَّزت بنشاط تجاري منذ القدم، وكان لتجارها دور بارز في هذا النشاط. فـ«جرها» (Gerrha) على سبيل المثال، التي اشتهرت في عالم التجارة وكانت مركزًا تجاريًّا في الساحل الشرقي لقطر والبحرين والأحساء، اشتهر تجارها بنشاطهم التجاري وكثرة أموالهم. وأول ذكر لـ«جرها» ورد عند المؤرخ اليوناني «أغاثر خيدس» كاتب «هركليداس» الذي عاش في النصف الأول من القرن الثاني قبل الميلاد، وقد أشار إلى أن الجرهيين كانوا أغنى الشعوب إلى جانب السبئيين، وكان لهم دور تجاري كبير، حيث سيطروا على قسم كبير من تجارة العطور والتوابل مع الهند، كما كان لهم دور في الوساطة التجارية؛ حيث يحملون تلك البضائع - بضائع الهند والصين - إلى البتراء، ثم يقوم النبطيون والفينيقيون بتوزيعها[3]. ومن خلال دراسة كتب الرحلات القديمة يتضح أن الجرهيين كانوا يتجولون بتجارتهم من الخليج العربي إلى مصر واليونان، وكانوا مثل

---

[1] ابن ماجد، الفوائد، ورقة 67أ.

[2] الشامي، «العلاقات التجارية»، ص92.

[3] فهمي توفيق، «قطر ونواحيها في الجغرافية القديمة: جِرة والخط»، بحث مقدم إلى مؤتمر تاريخ شرق الجزيرة العربية، الدوحة، المنعقد في 21-28 مارس 1976م، منشور ضمن كتاب اتحاد المؤرخين العرب لجنة تدوين تاريخ قطر، ج1، ص29.

الفينيقيين والنبطيين والتدمريين واليمنيين، يملكون التجارة ويسيطرون على التجارة البحرية والبرية، واستطاعوا أن يؤسسوا الموانئ وينشئوا المصارف والمتاجر[1].

وذكر «سترابون» أن مدينة «جرها» تقع على خليج عميق، وقد أسَّسها مهاجرون كلدانيون من أهل بابل فوق أرض سبخة، وتقع على مسافة 200 اسطاديون (Stadia)[2] من البحر، وأهلها يتاجرون في الطيب والمُر والبخور، فتحملها قوافلهم التي تسلك الطُّرق البرية. ويذكر «أرسطوبولوس» (Aristobulus) أنهم كانوا ينقلون تجارتهم في البحر إلى بابل، ثم إلى مدينة «Thapascus» (وتعني مدينة «الدير»، أو «الميادين»)، ومنها يُعاد نقلها بالطرق البرية إلى مختلف الأنحاء[3].

وأشار إلى «جرها» كُتَّاب آخرون، عاشوا بعد «إيراتوستينس» صاحب خبر هذه المدينة المدوَّن في جغرافية «سترابون»، ومنهم على سبيل المثال: «بوليبيوس» (Polybius) (ت: 122ق.م)، و«أغاثر سيدس» (ت قبل: 120 ق.م)، و«أرتميدورس» (Artemidorus) من أهل مدينة «أفسوس» (Ephesus) (ت نحو: 100 ق.م) و«بلينيوس»[4].

واختلفت الآراء حول تحديد مكانها في الخليج، حيث رأى «شبرنكر» أنها «العقير»[5]، وتُدعى «العجير» في لهجة الناس هناك، ويرى هذا الرأي

---

(1) فهمي توفيق، «قطر ونواحيها»، ج1، ص29.

(2) ما يساوي 38 كيلومترًا و54 مترًا. فهمي توفيق، «قطر ونواحيها»، ج1، ص33.

(3) جواد علي، المفصل في تاريخ العرب، ج3، ص14.

(4) جواد علي، المفصل في تاريخ العرب، ج3، ص13.

(5) العُقَيْرُ: ساحل وقرية دون القطيف من العطف، وكانت من الموانئ القديمة التي تطل على ساحل الخليج، وتقع جنوب القطيف، وتأتي إليها السفن من الصين وعُمان والبصرة واليمن

طائفة من الباحثين، ومنهم من رأى أنها «القطيف»، أو الخرائب المعروفة باسم «أبو زهمول» مع «العقير»، وتكون هذه الخرائب الطرف النائي من «جرها» الذي يُكوِّن الميناء، وأطلق عليها بعضهم «الجرعاء»، وذكر آخرون أنها «سلوى»[1] الواقعة على ساحل البحر[2]. ويرى «كلاسر» أن «جرها» (Gerrha /Gerra) ليست «العقير» أو «الجرعاء»، إنما هي موضع يقع في الطرف الجنوبي الغربي من خليج «القطن»[3].

وللباحث فهمي توفيق[4] دراسة قيِّمة حول موقع «جرها» نُجمل نتائجها فيما يلي:

- من معلومات «سترابون» نستدل أن «جرة» كانت تبعد عن ساحل البحر 200 اسطاديون؛ أي بما يساوي 38كم و54 مترًا، وهذا يوصل إلى الآتي:

* أن «جرة» أو «جرها» ليست هي «هجر»؛ لبعدها عن الساحل بأكثر من 38كم و54 مترًا.

وغيرها من البلدان. الحربي، إبراهيم بن إسحاق (ت: 285هـ/ 898م)، المناسك وأماكن طرق الحج، تحقيق: حمد الجاسر، دار اليمامة للبحث والترجمة والنشر - الرياض، الطبعة الثانية، 1401هـ/ 1981م، ص620؛ الهمداني، الصفة، ص135. وهو تصغير عقر: قرية على الشاطئ بحذاء هجر. ونخل باليمامة لبني ذهل بن الدؤل، وهو أيضًا نخل لبني عامر بن حنيفة باليمامة. البغدادي، مراصد الاطلاع، ج3، ص951؛ ياقوت الحموي، معجم البلدان، ج4، ص138؛ الغنيم، عبد الله بن يوسف، جزيرة العرب من كتاب المسالك والممالك للبكري، ذات السلاسل - الكويت، الطبعة الأولى، 1397هـ/ 1977م، ص136.

(1) سلوى: مدينة مواجهة للبحرين. حسنين، محمد ربيع وليلى عبد الجواد إسماعيل، تاريخ مملكة هرمز منذ قيامها حتى سقوطها سنة 1622م، 1998م، ص41.

(2) فهمي توفيق: «قطر ونواحيها»، ج1، ص33؛ جواد علي، «الخليج عند اليونان واللاتين»، ص29.

(3) جواد علي، المفصل في تاريخ العرب، ج3، ص14.

(4) فهمي توفيق، «قطر ونواحيها»، ج1، ص29.

* أن «جرة» أو «جرها» ليست هي «أبو زهمول» أو «القطيف»؛ لقربهما من الساحل بأقل من 38كم و54 مترًا.

- من المحتمل أن تقع «جرة» أو «جرها» في «العريق» بجوار «قرن أبي وايل» في موضع يُدعى «أمات جرة»، وهذا يتجاوب مع ما وصفه «سترابون» وغيره لظهور عدد من التشابه في الوصف، نرصده في الآتي:

* توجد فيه رياض فسيحة وغنية بالمياه والنخيل والأشجار.
* الغنى الزراعي، لذا كان سكانها ينعمون بالسلام، بفضل انحرافهم عن طريق البحر.
* وعورة الطريق إليها توفر الحماية الطبيعية، فمن قمة «أبي وائل» يستطيعون مراقبة أي قادم.
* المسافة التي ذكرها «سترابون» تتوافق مع هذا الموقع.
* الموقع الذي ذكره «سترابون» (في وادٍ عميق) يتوافق مع هذا الموقع.

- مما يؤكد هذا الموقع دون غيره، أن نقرأ ما ذكره «سترابون» وغيره قراءة صحيحة، لذا وجب الانتباه إلى:

* أن «سترابون» يتكلم عن مدينة برية تبعد عن الساحل 200 اسطاديون.
* أنه يشترط واحة في تحديد مكان «جرة».

- إذا كان «سترابون» يتكلم عن مدينة برية تبعد عن الساحل 200 اسطاديون، و«فبلينيوس» يُحدِّد موقع «جرة» على بُعد 50 ميلًا رومانيًا (ما يساوي 74.45كم)، فهذا ليس معناه وجود مدينتين بالاسم نفسه، وإنما مدينة واحدة، وفق الافتراض الآتي:

* أن قياس المسافة الذي قام به «سترابون» وقياس «فبلينيوس» من ساحل «الخط» إلى «جرة» أو «جرها» التي افترضنا أنها «أمات جرة»، كان من نقطتين مختلفتين.

* يُحدِّد «فبلينيوس» موقع «جرة» على بُعد 50 ميلًا رومانيًّا عن إقليم «الخط» المواجه بحسب قوله: «جزر البحرين»، وهذا يحمل اعتقادًا بأن نقطة بداية قياسه البحرية كانت منطقة على «الخط»، «العقير» على سبيل المثال.

* كانت نقطة بداية «سترابون» إلى «جرة» هي أقرب نقطة بحرية؛ وهي من «سلوى».

لهذا يرى الباحث أنه من غير المعقول أن تكون نقطة «سترابون» و«فبلينيوس» نقطة واحدة؛ أي أنهما وقفا في المكان نفسه لبدء القياس، كما أن تقسيم «جرة» أو «جرها» إلى قسمين أمر غير صائب. وإن افترضنا أن التقسيم كان على أساس الميناء والمدينة، فمن غير المعقول أن المسافة بينهما 38كم.

ونرى أن هذا الخلط يزيحه «فبلينيوس»، حيث أشار إلى «الخليج الجرهاني» ومدينة «جرة»، وفي ذلك دلالة واضحة إلى أنه خليج وليس ميناء، وسُمي بـ«الخليج الجرهاني» نسبة إلى «جرة»، وهذا الخليج هو «خليج سلوى».

لكننا نؤكد على أهمية العمل البحثي في مجال الحفريات والاكتشافات الأثرية لسبر أغوار مثل هذه الأمور التي لم تكشف عنها الكتابات التاريخية بصورة جلية.

ومهما يكن من أمر، فمن العوامل التي ساعدت قطر في مجال التجارة،

أنها كانت مركزًا صناعيًّا يضم عددًا من الصناعات[1]، وأن أهلها تمتعوا بشهرة في تجارة الثروة الحيوانية[2]، مما دفع التجار إلى الاتجاه نحوها والتعامل التجاري معها.

4- المنافذ البحرية

تُعد «الزبارة» من الموانئ القديمة ذات الشهرة الكبيرة في التجارة البحرية، فقد ذكر عالم الجغرافيا «بطليموس» ضمن خريطته (خريطة العالم العربي) ما أسماه «قطارا»، ويُعتقد أنها إشارة إلى بلدة «الزبارة» القطرية التي اكتسبت شهرتها كأحد أهم الموانئ التجارية في منطقة الخليج العربي في ذلك الوقت[3]، وهذا إن دل على شيء فإنما يدل على شهرة ميناء «الزبارة».

ومن المنافذ البحرية المرسى المفقود، حيث يشير أحد المصادر إلى أنه عند الوصول إلى الخليج، وبعد المرور من جزائر قطر يسارًا، يؤدي الدخولُ إلى المرسى المفقود، وهو مرسى جليل ممكَّن من رياح شتى، وبه عين ماء غزير عذب، ومنه إلى ساحل «هجر» وهو أول بلاد البحرين[4].

من هذا النص يتضح الآتي:

(أ) أن هناك ميناء أسماه الإدريسي «المرسى المفقود»، ولفظ «المفقود» لا يعني «غير الموجود»، ولكن هو اسم للميناء - كما يبدو - لأنه وصفه بأنه مرسى جليل محمي من الرياح، وبه عين ماء غزيرة عذبة.

---

(1) ينظر فيما سيأتي من هذا الفصل.

(2) ينظر: البكري، معجم ما استعجم من أسماء البلاد والمواضع، ج3، ص1082؛ الحازمي، الأماكن، ص783؛ ياقوت الحموي، معجم البلدان، ج4، ص373؛ الشامي، «العلاقات التجارية»، ص92.

(3) خليفة، البحرين عبر العصور، ص79، 215.

(4) الإدريسي، نزهة المشتاق، ج1، ص162.

(ب) هذا الميناء وُجد في عهد المؤرخ الإدريسي، لأنه وصفه وصفًا جميلًا.

(ج) يتمتع هذا الميناء بموقعه الممتاز المحصن من الرياح.

(د) يقع هذا الميناء كما يبدو في شمال شرق قطر.

من خلال هذا يلاحظ أن أول الدخول إلى سواحل الخليج يأتي عبر بوابته «قطر»، وهو أمر طبيعي، حيث إن شبه جزيرة قطر هي الأرض البارزة في ساحل الخليج.

فضلًا عن ذلك فقد كان كلٌّ من العقير والسبخة يُشكِّلان ميناءين مهمين لقطر، فمن خلالهما كانت تُصدَّر وتُستورد البضائع والسلع المختلفة، وقد ذكر المؤرخون الرَّحالة أن قطر تقع بين العقير والسبخة[1].

---

(1) يطلُّ علينا الرَّحالة والجغرافي العلامة اليمني الهمداني في النصف الأول من القرن الرابع الهجري/ العاشر الميلادي، ليقدم لنا نسخة جغرافية جديدة للمنطقة الشرقية للجزيرة العربية، وفي نظري أن أهم ما يميز النسخة الهمدانية هو ذلك التحديد الدقيق للأقطار الواقعة في المنطقة الشرقية للجزيرة العربية، ففي أحد المواضع يُسطِّر في كتابه المسمى «صفة جزيرة العرب»، قوله: «... سفوان كاظمة ونفذ إلى القطيف وهجر وأسياف البحرين وقطر وعُمان والشِّحر ومال منه عنق إلى حضرموت وناحية أبين وعدن...»، ص47. وفي ذلك إشارة إلى أن أسياف سواحل الخليج ليست بحرينية وإنما أكثرها قطرية، فالبحرين - وفق ما ذكره الهمداني - كانت تشتمل على جزيرة أوال والسواحل الخليجية المقابلة لها على الساحل، ثم تأتي بعد ذلك قطر التي تشتمل على السواحل من العقير في الجهة الشمالية وتنتهي إلى السواحل الجنوبية بحدود عُمان؛ أي أن السبخة ضمن أرض قطر، أما العقير فهي الحد الفاصل بين قطر والبحرين، مع أن العقير كانت سوقًا يقصدها القطريون، لكنها تقع ضمنيًا في البحرين. ابن حوقل، صورة الأرض، ص25. أما الإدريسي، فيذكر أن السبخة تابعة لقطر، حيث إنها تقع في بحر قطر. نزهة المشتاق، ج1، ص162. لكن ابن ماجد - عاش في القرن التاسع الهجري/ الخامس عشر ميلادي - فيوضح الرؤية ويفصل في الأمر ويبدد الارتباك الذي خلفه الكثير من الجغرافيين، فيقول: «وإذا تجاوزت البصرة الفيحا ينجذب البر إلى السليماء والقطيف والحسا

وقد مثَّلت «سلوى» وخليجها أيضًا، منفذًا بحريًا مهمًّا لقطر، حيث كان لها دور كبير في العلاقة التجارية الخارجية (البرية والبحرية)، وكانت أعداد كبيرة من السفن ترسو على مرساها. وقد ظهرت الأهمية الكبرى لهذا المنفذ في عصر الدولة الجبرية (820-935هـ/ 1417-1525م)[1]، حيث كانت سلوى وقطر في عصرها تشكلان إقليمًا واحدًا يديره ابن السلطان «أجود بن زامل الجبري»[2]، وقد ذُكر أن السلطان «أجود بن زامل» استخدم «سلوى» في عام

وعُمان وقطر، الكل في المشارق والجنوب وفيها جزر وخراب وعمار وعرب لهم بنادر وفيها جزيرة البحرين...». الفوائد، ورقة 66أ. وبحسب التقرير السنوي للمسح الأثري بالهند أن قطر كانت في القرن السابع الميلادي، تضم خمس مقاطعات هي: جزيرة تاروت، جزيرة المحرق، جزيرة البحرين، الخط من سلوى إلى القطيف، واحة الأحساء. بوانسينيون، التقرير السنوي للمسح الأثري بالهند، ص41.

(1) حكم بنو جبر (السلطنة الجبرية) المنطقة الشرقية لشبه الجزيرة العربية، وامتد نفوذهم من سواحل عُمان جنوبًا حتى الكويت (الحالية) شمالًا، وضم أيضًا جزر البحرين وامتد نفوذهم إلى شرق نجد، وكانت عاصمتهم الأحساء. لمعلومات أوفى ينظر: الخالدي، خالد بن عزام بن حمد، السلطنة الجبرية في نجد وشبه الجزيرة العربية، الدار العربية للموسوعات، 2010م؛ الحميدان، عبد اللطيف الناصر، «التاريخ السياسي لإمارة الجبور في نجد وشرق الجزيرة العربية»، مجلة كلية الآداب - جامعة البصرة، العدد (16)، السنة 14، 1980م، ص51 وما بعدها؛ «مكانة السلطان أجود بن زامل الجبري في شبه الجزيرة العربية»، مجلة الدارة، العدد (14)، السنة 7، 1982م، ص56-76.

(2) أجود بن زامل العُقيلي الجبري النجدي الأصل المالكي المعروف والمشهور بـ«ابن جبر»، وسمي بذلك نسبة إلى جد له اسمه «جبر»، تولى السلطنة نحو 872هـ/ 1467م، فنجح في دفع حدود سلطنته، ووسع مناطق نفوذها إلى بقاع واسعة، وذلك بضمه البحرين وعُمان وأجزاء واسعة من نجد، جنوب الكويت والعراق (حاليًا)، تُوفِّي نحو 911هـ/ 1505م. ينظر: السخاوي، شمس الدين أبو الخير محمد بن عبد الرحمن بن محمد بن أبي بكر بن عثمان بن محمد (ت: 902هـ/ 1496م)، الضوء اللامع لأهل القرن التاسع، منشورات دار مكتبة الحياة - بيروت، ج1، ص190؛ ابن شاهين، عبد الباسط بن خليل المليطي (ت: 920هـ/ 1514م)، المَجمع المُفَنن بالمُعْجَم المُعَنوَن، تحقيق: عبد الله محمد الكندري، دار البشائر الإسلامية - بيروت، الطبعة الأولى، 1403هـ/ 1983م، ص217؛ العصامي، عبد الملك بن حسين بن

880هـ/ 1475م مركزًا لانطلاق القوات البحرية إلى مملكة هرمز لمساعدة سلغور[1] على استعادة عرشه[2].

5- نظام العشور

العشور: هي عشور التجارة التي تؤخذ على البضائع الواردة، وقد كانت العشور تحدد على أساس الوزن إذا كانت السلعة من الموزونات أو العدد إذا كانت ذات عدد؛ وتحدد أيضًا على أساس نسبة معينة من الثمن الذي يقدر لكل سلعة وتسمى (المثمَّنات)، وفي بعض البضائع يتم أخذ نسبة معينة من السلعة ويسمى هذا القانون (المُقاسم)، حيث يؤخذ الربع عليها[3].

وُجد نظام العشور في الدولة الإسلامية[4]، وكان يُتعامل به في موانئ

عبد الملك العصامي المكي (ت: 1111هـ/ 1699م)، سمط النجوم العوالي في أنباء الأوائل والتوالي، تحقيق: عادل أحمد عبد الموجود وعلي محمد معوض، دار الكتب العلمية - بيروت، الطبعة الأولى، 1419هـ/ 1998م، ج4، ص317.

(1) سلغور بن توران شاه، وكان حاكم قلقهات من قِبل والده، وزوَّجه بابنة سليمان بن سليمان النبهاني، وظل حاكمًا في قلقهات إلى أن تُوفِّي والده سنة 875هـ/ 1470م، فخلفه ابنه مقصود - أخو سلغور - لكن مقصود مكث ستة أشهر ثم عُزل وتولَّى الأخ الأصغر مير شاه أويس، وهو الأمر الذي أثار سلغور فطلب مساعدة السلطان أجود مقابل التنازل له عن القطيف والبحرين، ونجح سلغور في استعادة عرش هرمز سنة 880هـ/ 1475م، وظل في الحكم حتى وفاته سنة 911هـ/ 1505م. ينظر: حسنين، تاريخ مملكة هرمز، ص40-41.

(2) خوري، إبراهيم، وأحمد جلال التدمري، سلطنة هرمز العربية: سيطرة سلطنة هرمز العربية على الخليج العربي، مركز الدراسات والوثائق - رأس الخيمة، الطبعة الأولى، 1420هـ/ 1999م، ج2، ص156.

(3) ينظر: مجهول، نور المعارف في نظم وقوانين وأعراف اليمن في العهد المظفري الوارف، تحقيق: محمد عبد الرحيم جازم، المعهد الفرنسي للآثار والعلوم الاجتماعية، صنعاء، الطبعة الأولى، 2003م، ج1، ص 409 وما بعدها.

(4) الشامي، «العلاقات التجارية»، ص109.

الديار الإسلامية، وعلى الرغم من أن المصادر صمتت عن ذكر نظام العشور في كثير من الموانئ الإسلامية وغير الإسلامية، فإنها كانت متشابهة، مع الأخذ بعين الاعتبار الفوارق في التنظيم.

ويبدو أن موانئ قطر مارست النظام نفسه في الموانئ الأخرى وهو ما ذكرته كتب الرحلات لبعض الموانئ، فقبل أن تصل السفينة إلى الميناء يتجه إليها موظفو التفتيش، الذين يُعرفون بـ«المبشرين»، وهم يركبون السنابيق[1]، وعندما يصلون إلى السفينة يصعدون إليها للتحري وجمع المعلومات الأولية عنها وعن البضائع والركاب والأمتعة على متنها[2].

6- أهم البضائع الصادرة والواردة

ثمة معلومات متناثرة في بطون كتب الرحلات والجغرافيا تذكر البضائع والسلع المحلية الفائضة التي صدرتها الموانئ الإسلامية الواقعة على الخليج العربي من موانئ قطرية وبحرينية وعُمانية، أو التي استوردتها. ونرصد هنا بعض ما جاء في كتب الرحلات والجغرافيا:

---

(1) السنابيق: هي الزوارق أو السفن الصغيرة، وتُستخدم في نقل الأشخاص وأغراضهم من سفن الشحن الكبيرة. ابن بطوطة، الرحلة، ص198؛ بامخرمة، أبو محمد الطيب بن عبد الله بن أحمد (ت: 947هـ/ 1540م)، تاريخ ثغر عدن، تحقيق: أوسكر لوفجرين، دار التنوير - بيروت، الطبعة الثانية، 1407هـ/ 1986م، ج1، ص22، 57. كما كانت السنابيق تتقدم السفن الكبيرة لتوفير الحماية وتجنب مباغتة العدو. العراشي، عبد الحكيم محمد ثابت، الجيش في اليمن في عصر الدولة الرسولية (626-858هـ/ 1228-1454م)، دراسة تاريخية، دار الوفاق للدراسات والنشر، الطبعة الأولى، 1435هـ/ 2014م، ص376.

(2) ابن المجاور، جمال الدين أبو الفتح يوسف بن يعقوب بن محمد (ت بعد: 626هـ/ 1228م)، صفة بلاد اليمن ومكة وبعض الحجاز المسماة «تاريخ المستبصر»، اعتنى بتصحيحها: أوسكر لوفجرين، دار التنوير - بيروت، الطبعة الثانية، 1407هـ/ 1986م، ص138؛ ابن بطوطة، الرحلة، ج2، ص116، 124.

إن البضائع والسلع المحلية التي ينقلها ويتاجر بها الخليج بشكل عام، وقطر على وجه الخصوص، إلى اليمن وشرق إفريقيا عبر الخليج العربي هي: التمور، والفواكه، واللؤلؤ، والأحجار الكريمة، والمنسوجات المختلفة. وكانوا ينقلون أيضًا بضائع بلدان الشرق الأقصى إلى شرق إفريقيا ومنها: التوابل، والقرنفل، وخشب الصندل، والمسك، وغيرها[1].

أما أهم البضائع والسلع التي كانت تُنقل عبر الخليج العربي إلى بلدان الشرق الأقصى فهي: التمر، والدبس، والمنتجات الزراعية (مثل: العنب، والنارنج، والموز)، والمنسوجات (مثل: السقلاطون، والعمائم، والخز، والبز، والوشي، وملابس الوبر، والصوف، والعنبر، والبخور)، والكندر، والقاطر، وأوراق التنبول، والبن، والوند، والصبر، وحجر الولادة، والماسكة، والنبك، والدر (لؤلؤه ومرجانه)، والجبوة، والمر، والصمغ العربي الشهير، وغيرها من السلع والبضائع المتوفرة في أقاليم الدولة العربية الإسلامية. وفضلًا عن دور الموانئ العربية في نقل السلع والبضائع المحلية كانت تنقل السلع والبضائع الآتية من أوروبا وإفريقيا والمتجهة صوب شرق آسيا[2].

---

(1) ابن خرداذبه، أبو القاسم عبيد الله بن عبد الله (ت نحو: 280هـ/ 892م)، المسالك والممالك، دار صادر - بيروت، 1889م، ص60-61؛ المقدسي، أحسن التقاسيم، ص97. ينظر كذلك: الأعظمي، عواد مجيد وحمدان الكبيسي، دراسات في الاقتصاد العربي الإسلامي، مطبعة التعليم العالي - بغداد، 1988م، ص130، 134، 137.

(2) ابن خرداذبه، المسالك والممالك، ص70-71؛ البكري، المسالك والممالك، ج1، ص372؛ معجم ما استعجم من أسماء البلاد والمواضع، ج3، ص926؛ ياقوت الحموي، معجم البلدان، ج2، ص432؛ الحميري، الروض المعطار، ص230، 313؛ ابن ماجد، الفوائد، ورقة 69ب. ينظر كذلك: السامر، فيصل، الأصول التاريخية للحضارة العربية الإسلامية في الشرق الأقصى، بغداد، 1977م، ص12، 350؛ حوراني، جورج، العرب والملاحة في المحيط الهندي في العصور القديمة وأوائل العصور الوسطى، ترجمة: السيد يعقوب بكر، مراجعة: يحيى الخشاب، الأنجلو المصرية، 1985م، ص82-85.

أما السلع التي جُلبت من موانئ اليمن وسواحل شرق إفريقيا فهي تلك السلع والبضائع الرائجة فيها، خصوصًا الثمينة (مثل: العاج، والذهب، والنحاس، والتوابل، والعطور، والعبيد). وكان التجار العرب المسلمون يؤمِّنون حاجات الدولة العربية الإسلامية من هذه البضائع، فضلًا عن قيامهم بنقلها إلى بلدان الشرق الأقصى (حيث يشترون العاج، ويحملونه إلى الصين)، وكان معظم واردات الهند والصين يأتي إليهم بواسطة العرب من إفريقيا، فنقل العرب اللبان، والبخور، وسن الفيل، والعاج، والرقيق، والذهب، من شرق إفريقيا[1].

وجلب تجار العرب في رحلاتهم البحرية، من الهند والسند والصين وغيرها من مراكز الشرق الأقصى، ومن المحطات التجارية التي يمرون بها، مختلف السلع والبضائع التي تحتاج إليها الدولة العربية الإسلامية. فقد جلبوا السيوف، خصوصًا الهندية المشهورة بجودتها، والحرير، والساج، والقرنفل، والفلفل، وسروج الخيل، والجلود، والبهارات، والعاج، والقصدير، والصندل، ومختلف المنسوجات الثمينة، والمسك الصيني، والفخار الصيني، والعود الصيني، والكافور، والبلُّور، والفيلة، والقسط، والقنا، والخيزران، والقيان، والياقوت، والنارجيل، والزنجبيل، وغيرها من السلع والبضائع الكمالية[2].

فضلًا عن ذلك اشتهرت قطر باللؤلؤ، وقد ذُكر أن جزيرة «ملكان» جزيرة عظيمة عريضة، فيها العود، والذهب، والجوهر، وفي بحرها اللؤلؤ[3]، كما تُعد قطر من أفضل البلدان في مغاص اللؤلؤ[4].

---

(1) ابن خرداذبه، المسالك والممالك، ص60-61؛ البكري، المسالك والممالك، ج1، ص320-321.

(2) ابن خرداذبه، المسالك والممالك، ص66-71؛ المقدسي، أحسن التقاسيم، ص94-97.

(3) السيرافي، أبو زيد حسن بن يزيد (ت: بعد 330هـ/ 935م)، رحلة السيرافي، المجمع الثقافي - أبو ظبي، 1999م، ص19.

(4) البكري، المسالك والممالك، ج1، ص201.

ثالثًا: الصناعة

1- مقومات الصناعة

توفَّر في قطر كثير من مقومات الصناعة، فساعدت على قيام عدد من الصناعات، ومن أهم تلك المقومات:

(أ) المواد الخام

توفَّرت في بلاد قطر بعض المواد الخام على اختلاف أنواعها (زراعية وحيوانية ومعدنية)، وكانت عاملًا أساسيًّا لقيام الصناعة في كثير من المجالات المختلفة.

من المعروف أن بعض الصناعات تعتمد على خامات زراعية، مثل صناعة المنسوجات المعتمدة على القطن، وكان متوفرًا في قطر. كما اشتهرت قطر بتوفُّر الثروة الحيوانية، التي يُستفاد من صوفها وجلودها في المصنوعات الجلدية، وهو الأمر الذي ساعدها على قيام عدد من الصناعات الجلدية.

ويبدو أن المعادن كانت نادرة الوجود في قطر وغيرها من بلدان الخليج، عدا معدن النحاس الذي وُجد في قطر والبحرين، وكان إحدى السلع الصادرة من الخليج كما ذكرنا، وكانت له أهمية كبيرة في قيام بعض الصناعات المعدنية في قطر.

وعلى الرغم من أن تلك المواد لم تكن كافية لتلبية احتياجات الصناعات لإنتاج قدر وافر من المصنوعات، أو على الأقل الوصول إلى حد الاكتفاء الذاتي منها، فإن موقع قطر الاستراتيجي في ملتقى خطوط التجارة البحرية ساعد، إلى أبعد الحدود، على استيراد كثير من المواد الخام، وبالتالي سد بعض النقص الذي كانت تعاني منه الصناعة.

(ب) الأيدي العاملة

سمح التنوع في المواد الخام، سواء المحلية أو المستوردة، بتعدد الصناعات وانتشارها في قطر، ولهذا كان توفير العديد من الأيدي العاملة ذات الخبرة والمهارة أمرًا ملزمًا. وتجدر الإشارة إلى أن قطر وُجد فيها كثير من الحرفيين المهرة في الصناعات المختلفة نتيجة الممارسة الطويلة في هذا المجال، ولعل هذا ما يفسر لنا شهرة قطر في صناعة المنسوجات، تلك الشهرة التي لم تأتِ من فراغ، بل كانت نتيجة لخبرات متراكمة. مع هذا، فقد حرص القطريون منذ القدم على جلب أمهر الصُّناع من عدد من البلدان للاستفادة من خبراتهم.

وعلى الرغم من شهرة قطر في مجال صناعة السفن منذ القدم، ووجود عمال مهرة فيها، فإن ذلك لم يمنع من جلب بعض المهرة من البلدان المجاورة[1]، حرصًا منها على تبادل الخبرات وتطوير المهارات والتلاقح الحضاري في هذه الصناعة من خلال الوقوف على ما استجد في هذا المضمار من حيث التطور والنوع والشكل.

(ج) السوق

إن الصناعة لا تتحقق من خلال وجود مقومات المواد الخام والأيدي العاملة فحسب، بل تحتاج أيضًا إلى سوق تُصرَّف فيها المنتجات الصناعية. وكما هو معروف، فكلَّما اتسعت السوق زاد تصريف المنتجات الصناعية والعكس. وقد تمتعت قطر بهذه الميزة، حيث كانت سوقًا مفتوحة لمناطق الجزيرة العربية والعالم الخارجي، وقد أشرنا إلى ذلك عند الحديث عن التجارة.

---

(1) الشامي، «العلاقات التجارية»، ص92.

2- تطور الصناعة

عرفت قطر بعض الصناعات الحِرفية منذ عصور قديمة، وكانت الصناعات القطرية في تلك الحقب تقوم على عدد من الحِرف والصناعات المحدودة التي دعت إليها الحاجة لتحقيق بعض الأغراض الوقائية والمعيشية، كالدفاع عن النَّفس والعشيرة، وتلبية مطالب الحياة المُلحة. ولم تكن هذه الصناعات مبنية على نظريات علمية تطبيقية، بل كانت تقليدًا للطبيعة.

ومع مرور الوقت أخذت الصناعات تتطور وتنمو تبعًا لنمو الذوق الفني، وعلى هذا يمكن القول إن الصناعات سبقت الفنَّ، ثم امتزجت به حينما ارتقى الإنسان في معيشته بعض الشيء، وأخذ يتطلَّع إلى الكماليات، ومن هنا نشأ الفن الصناعي والذوق.

وإذا أردنا الاستدلال على ذلك، فسنأخذ المنسوجات التي عرفها الإنسان منذ القدم كمثال، لكن من العبث أن نحاول رسم صورة صادقة للمنسوجات في تلك العصور، وذلك بسبب غياب الدلائل التاريخية والأثرية المادية الموضحة لذلك.

على أي حال، فقد كانت المنسوجات من الصناعات الأولى التي عرفها الإنسان في نهاية العصر الحجري، حيث اكتُشفت نماذج بدائية منها موجودة حاليًّا في متاحف سويسرا والدنمارك.

ومن المؤكد أن تلك المنسوجات كانت بسيطة، وتهدف إلى تغطية الجسم وستر العورة، وتطوَّرت مع مرور الزمن، حتى وصلت إلى درجة من الفن والجودة، حيث كان الإنسان يبحث عن النسيج الجيد ذي الطابع الفني. وكانت هذه هي حال المنسوجات القطرية التي مرت بمراحل عدة حتى صارت ذات شهرة كبيرة وانتشار واسع وجودة عالية، مما دفع الناس إلى الإقبال على شرائها والفخر بارتدائها.

3- أهمُّ الصناعات الحرفية

وُجدت في قطر صناعات حِرفية عديدة، أهمها:

(أ) صناعة المنسوجات

تُعد المنسوجات القطرية من الصناعات التي تمتدُّ جذورها إلى عصور قديمة، حيث برع فيها القطريون منذ القدم، ونالت منسوجاتهم شهرة واسعة في عواصم البلدان الإسلامية وغيرها من البلدان.

وشجَّع على قيام صناعة المنسوجات وفرة المواد الخام من القطن والصوف، في البيئة القطرية، ووفرة المواد المستوردة، إضافةً إلى توفُّر الأصباغ[1] التي تُستعمل في هذا الشأن. وتُعد «الفوة» من النباتات التي تستخرج منها الأصباغ الحمراء، وكذلك نبات النيلة الذي يُستخرج منه اللون الأزرق، ونبات الزعفران[2] الذي يُستخرج منه اللون الأصفر.

اشتهرت قطر بالمنسوجات ذات الأصناف المتعددة والألوان المختلفة، فكانت مركزًا صناعيًّا تميَّز بجودة مصنوعاته التي ذاع صيتها في الشرق والغرب، وسبق أن أشرنا إلى ما ذكره ياقوت الحموي[3] من أن قطر اشتهرت بالصناعة منذ وقت مبكر. وهذا ما نجده في قول الشاعر:

كَساكَ الحَنظَليُّ كِساء صُوفٍ وقِطريًّا فأنتَ به تَفيدُ[4]

---

(1) دليل المواقع الأثرية في دولة قطر، ص48.

(2) الزَّعفران: نبات صحراوي يُشبه البصل. انظر: الملك المظفر، يوسف بن عمر بن علي بن رسول (ت: 694هـ/ 1294م)، المعتمد في الأدوية المفردة، تحقيق وتصحيح وفهرسة: مصطفى السقاء، دار القلم، 1421هـ/ 2000م، ص166، حاشية رقم (2).

(3) معجم البلدان، ج4، ص373. وينظر أيضًا: الحازمي، الأماكن أو ما اتفق لفظه وافترق مسماه من الأمكنة، ص682.

(4) وجاء البيت الشعري عند المديني: «كَسَاكَ الحَنْظَلِيُّ كِسَاءَ خَزٍّ... وقِطْرِيًّا فأنْتَ بِهِ ثَقِيلُ». ابن منظور، لسان العرب، ج5، ص105.

أي أن الملبوسات نُسجت في قطر، وفي ذلك يقول الأزهـري[1]: «... مدينة يُقال لها قطر، وأحسبهم نسبوا هذه الثياب إليها، فخففوا وقالوا قِطْري، والأصل قَطَري»[2].

ونتيجة لجودة المنسوجات، فقد ذاع صيتها، وتناقل الرواة الأخبار عنها على مرِّ السنين، وحفظوا أوصافها ومميزاتها، ويؤكد ذلك ما ذكره ياقوت الحموي[3]: «البرود القطرية حمر لها أعلام فيها بعض الخشونة، وقال خالد بن جنبة هي حلل تُعمل في مكان لا أدري أين هو، وهي جياد وقد رأيتها وهي حمر تأتي من قبل البحرين، قال أبو منصور في أعراض البحرين...». وهذا يدل على جودة المنسوجات في قطر.

لم تقف شهرة قطر بمنسوجاتها عند العصر القديم، ولكن امتدت إلى العصر الإسلامي أيضًا، ومما تفخر به المنسوجات القطرية أن رسولنا ﷺ

(1) الأزهري الذي نقل عنه ياقوت قوله هذا، هو أبو منصور محمد بن أحمد، المتوفَّى سنة 370هـ/ 981م، صاحب كتاب تهذيب اللغة، وقد نقل عنه ياقوت هذا النص، ينظر: ج9، ص7.

(2) الحازمي، الأماكن أو ما اتفق لفظه وافترق مسماه، ص683.

(3) معجم البلدان، ج4، ص373. ورد عن الأزهري قوله: «وأما القطري فإن شمرًا قال البرود القطرية هي حمر لها أعلام فيها بعض الخشونة. قال وقال خالد بن جنبة هي حلل جياد تحمل من قبل البحرين. قال الأزهري: بسيف البحر بين عُمان والبحرين مدينة يُقال لها قطر، خربها القرامطة، وأرى البرود القطرية كانت تعمل بها ويقال قطرية، وأنشد شمر...». محمد بن أحمد بن الأزهر الأزهري الهروي أبو منصور (ت: 370هـ/ 981م)، الزاهر في غريب ألفاظ الشافعي، تحقيق: محمد جبر الألفي، وزارة الأوقاف والشؤون الإسلامية - الكويت، الطبعة الأولى، 1399هـ، ج1، ص116؛ المديني، أبو موسى محمد بن عمر بن أحمد بن عمر بن محمد الأصبهاني المديني (ت: 581هـ/ 1185م)، المجموع المغيث في غريبي القرآن والحديث، تحقيق: عبد الكريم العزباوي، مركز البحث العلمي وإحياء التراث الإسلامي، كلية الشريعة والدراسات الإسلامية - مكة المكرمة/ دار المدني للطباعة والنشر والتوزيع - جدة، الطبعة الأولى، 1408هـ/ 1988م، ج2، ص762.

ارتدى المنسوجات القطرية، وهذا ما ذُكر من حديث أنس رضي الله عنه، فقد رُوي عنه قوله: «خَرجَ ﷺ مُتوكِّئًا على أسامة، وعليه بُرْدٌ قِطْري»[1]. كما عُرف عن الخليفة الثاني عمر بن الخطاب رضي الله عنه، ارتداؤه المنسوجات القطرية، ففي حديث عاصم قال: «خرجتُ مع أهل المدينة في يوم عيد، فرأيتُ عمر بن الخطاب رضي الله عنه يمشي حافيًا... مُشرفًا على الناس كأنه على دابة بِبُرد قِطْري»[2]. وذكر ذلك الطبري[3] بقوله: «حدثني علي بن سهل قال حدثنا ضمرة بن ربيعة عن عبد الله بن أبي سليمان عن أبيه قال: قدمت المدينة فدخلت دارًا من دورها فإذا عمر بن الخطاب عليه إزار قطري يدهن إبل الصدقة بالقطران». وروي عن أبي قلابة عن رجل من بني عامر قال: «رأيت أبا ذر في مسجد قباء يصلي وعليه رداء قِطري»[4].

يتضح من ذلك مدى ما بلغته قطر في صناعة المنسوجات من شهرة واسعة منذ العصر القديم، استمرت في جميع عصورها التاريخية حتى مجيء الإسلام، وقد عمل العرب على تنمية هذه الصناعة وتشجيعها، كما دفع اهتمام المسلمين بالمنسوجات إلى العناية بالمصانع ذات الصلة، وهي دور الطراز.

---

(1) ابن حنبل، أحمد بن حنبل أبو عبد الله الشيباني (ت: 241هـ/ 855م)، مسند الإمام أحمد بن حنبل، مؤسسة قرطبة - القاهرة، ج3، ص262؛ البغوي، الحسين بن مسعود (ت: 516هـ/ 1122م)، شرح السنة، تحقيق: شعيب الأرناؤوط ومحمد زهير الشاويش، المكتب الإسلامي - دمشق/ بيروت، الطبعة الثانية، 1403هـ/ 1983م، ج12، ص22.

(2) الحاكم، أبو عبد الله الحاكم (ت: 405هـ/ 1014م)، المستدرك على الصحيحين، الطبعة الأولى، 1427هـ، ج3، ص81.

(3) أبو جعفر محمد بن جرير (ت: 310هـ/ 923م)، تاريخ الأمم والملوك المعروف بـ«تاريخ الطبري»، دار التراث - بيروت، الطبعة الثانية، 1387هـ، ج4، ص226.

(4) أبو داود، سليمان بن الأشعث السجستاني (ت: 275هـ/ 888م)، مسند أبي داود، دار هجر - مصر، الطبعة الأولى، 1419هـ/ 1999 م، ج1، ص389.

ومن خلال العرض السابق للصناعة النسيجية في قطر يتضح الآتي:
- تمتعت منسوجات قطر بشهرة كبيرة انتشرت في مختلف البلدان، وكانت موضع تقدير جعلها تُخلَّد في الأشعار، ويتناقلها الرواة.
- تعددت المنسوجات القطرية من برود، وثياب، وأُزُر، وأردية، وغيرها.
- وُجدت في قطر معامل عدة للمنسوجات، ويؤكد ذلك انتشارها الواسع في كثير من البلدان، ويدل هذا الانتشار على العمل الجماعي في المعامل الخاصة، وليس العمل الفردي.
- مما ذكره الأزهري، الذي عاش في القرن الرابع الهجري، عن أن تلك المنسوجات تأتي من مدينة يُقال لها «قطر»، وقد خربها القرامطة، يتضح لنا الآتي:

* أن قطر كانت مدينة وحاضرة منذ فجر الإسلام، بدليل إطلاق لفظ «مدينة» عليها.
* أنها كانت مركزًا صناعيًّا.
* أنها تعرَّضت للخراب من قِبل القرامطة، ويبدو أن موقفها المعادي للقرامطة هو سبب ذلك.

(ب) صناعة الأسلحة

عرفت قطر صناعة الأسلحة منذ القدم، حيث اشتهرت مناطق الخط - ومنها قطر - بصناعة الأسلحة وعدد من الصناعات المختلفة، ومن أبرز ما اشتهر عن هذا الإقليم صناعة الرماح التي نُسبت إليه وسُميت باسمه «الرماح الخطية»[1]. وعُرفت هذه الرماح بجودتها، ويؤكد ذلك ما ذكره البكري[2]

---

(1) الحِميري، الروض المعطار، ص82.
(2) معجم ما استعجم من أسماء البلاد والمواضع، ج2، ص503.

حين أشار إلى أن رماح الخط رماح جيدة، إما تكون من الخط، أو هندية أحدثت صقلًا.

ويُفهم من كلام البكري:

- أن الرماح التي تُصنع في الخط، مثل قطر والبحرين وغيرهما، هي رماح ذات جودة.

- أن الرماح الخطية رماح صُنعت في مدن الخط، أو أنها جُلبت من الهند ثم خضعت لإعادة التصنيع.

ولم تكن الرماح الصناعة الوحيدة التي اشتهرت بها قطر، بل اشتهرت أيضًا بصناعة الأسلحة الأخرى، ومن أمثلتها السيوف التي كانت مزدهرة فيها[1]، وكذلك السهام. وما زال «متحف قطر الوطني» يحتفظ برؤوس سهام وسيف حديدي.

(ج) صناعة الفخار والخزف

ازدهرت صناعة الفخار والخزف في قطر على مرِّ العصور، وشجَّع على قيامها وفرة المادة الخام اللازمة لها والمنتشرة في كثير من المناطق، فضلًا عن وفرة الأكاسيد الضرورية لهذه الصناعة، مثل الرصاص. وتُعد الأدوات المنزلية من أهم المنتجات الخزفية والفخارية، سواء الخاصة بالمياه، كالجرار والكيزان، أو تلك التي تُستخدم للأطعمة كالصحون وغيرها[2].

وقد أشارت التقارير الأثرية إلى وجود مخلفات للفخار والخزف في

---

(1) الشيباني، محمد شريف، إمارة قطر العربية بين الماضي والحاضر، دار الثقافة - بيروت، 1382هـ/1962م، ج1، ص16.

(2) البعثة الفرنسية، المجلد (2)، ص29؛ كابل، تقرير البعثة الدنماركية، ص12.

قطر طوال العصور التاريخية القديمة⁽¹⁾، وعُثر على جرة في موقع «شقرة»، وبقايا أوانٍ فخارية في موقع «بن غنام» تعود إلى العصر الجاهلي، وهذه الأدوات محفوظة في «متحف قطر الوطني».

فضلًا عن ذلك، عُثر على بعض الأدوات في عدد من المواقع القطرية تعود إلى العصر الإسلامي، ومن بين تلك الأدوات جرار المياه. ويحتفظ «متحف قطر الوطني» بجرة عائدة إلى العصر العباسي وبعض الأدوات التي وجدت في قلعة مروب التي بنيت كذلك في العصر العباسي.

بعض الأدوات وجرار الماء

---

(1) كابل، تقرير البعثة الدنماركية، ص12.

وكان للفخار حضور في الصناعة القطرية، ففي موقع «أم الماء» عُثر على فخار أحمر شديد الاحتراق يعود إلى القرن الأول قبل الميلاد[1].

ويبدو أن صناعة الفخار في قطر مرَّت بمراحل من التطور؛ فبعد العثور على الفخار الأحمر شديد الاحتراق، عُثر على شقاف فخار عبارة عن طاسات مطلية باللونين الأحمر والأسود وجدت في موقع «رأس عوينات»، وهي المرَّة الأولى التي يُعثر فيها على هذا النوع من الفخار[2]، وهو محفوظ حاليًّا في «متحف قطر الوطني».

وعرفت قطر صناعة الخزف منذ القدم، ففي موقع «المزروعة» وُجدت بعض الشقاف الخزفية وجاءت مشابهة للخزف الساساني، وحُدِّد تاريخها بين القرن الثاني قبل الميلاد والقرن السابع الميلادي بحسب ما جاء في تقارير البعثة الدنماركية[3].

(1) جلوب، مكتشفات ما قبل التاريخ في قطر، ص175.

(2) الصفدي، الدليل الأثري، ص562.

(3) الصفدي، الدليل الأثري، ص558.

بعض الشقاف الخزفية

(د) صناعات أخرى

ما ذكرناه سابقًا ليس كل الصناعات، فثمة صناعات مختلفة كثيرة، كالصناعات الزجاجية، ويؤكد ذلك العثور على دورق زجاجي محفوظ حاليًّا في «متحف قطر الوطني».

وأحسب أن هناك صناعات أخرى كانت موجودة في قطر، مثل دباغة الجلود وصناعة القرب وأواني الشرب والمزاود والنعال والخفاف وغيرها، غير أن المصادر صمتت عن ذلك.

الفصل الرابع
الطرق التجارية

أولًا: نشأة البحرية

1- نشأة البحرية في الخليج العربي

مارس سكان الخليج العربي الملاحة البحرية عبر الخليج العربي منذ عصور قديمة، حيث تشير الآثار التي تركتها الحضارات المتعاقبة في المنطقة العربية إلى أن الملاحة البحرية نشأت في سيف البحر؛ أي في منطقة الخليج العربي[1]. وكان هناك نشاط بحري ملموس في الخليج العربي منذ الألف الثالث قبل الميلاد، فنجد سلالة «لجش» (نحو عام 2450 قبل الميلاد) التي تميَّزت بنشاطها البحري في الخليج العربي، وكان لـ«سرجون الأكدي» نشاط بحري في الخليج العربي وعلاقات بحرية نشطة مع قطر[2].

وظهر الحضور البحري للخليج العربي في عهد الآشوريين والإمبراطورية البابلية الثانية[3]، كما وردت إشارات توضِّح اهتمام «الإسكندر المقدوني» (ت: 323 ق.م) بالخليج العربي، حيث أراد تأمين مواصلات

---

(1) طه باقر، مقدمة في تأريخ الحضارات القديمة: وادي الرافدين، بغداد، 1955م، ج1، ص439.
(2) عن تلك العلاقات، ينظر الفصل الثاني.
(3) زُنيبر، محمد، «صفحات من التضامن القومي بين المحيط والخليج»، بحث مقدم إلى مؤتمر تاريخ شرق الجزيرة العربية، الدوحة، المنعقد في 21-28 مارس 1976م، منشور ضمن كتاب اتحاد المؤرخين العرب لجنة تدوين تاريخ قطر، ج2، ص460.

إمبراطوريته الواسعة[1]، كما أشار المؤرخ اليوناني «أمبانوس» الذي عاش في أواخر القرن الرابع الميلادي إلى أن الخليج العربي كان يعج بالملاحة والسفن البحرية[2]، وظل كذلك طوال العصر الإسلامي[3].

ونظرًا إلى أن سكان الخليج العربي بصورة خاصة، والعرب بصورة عامة، يعرفون نظام الرياح الموسمية في الخليج العربي والمحيط الهندي والبحر الأحمر[4]، فقد ساعد ذلك على فرض سيادتهم على الملاحة في الخليج والمحيط الهندي والبحر الأحمر لعدة عصور.

فضلًا عن ذلك لعب الموقع الجغرافي المتميز للخليج العربي دورًا كبيرًا في ممارسة نشاط الملاحة البحرية فيه[5]، وساعدت ضحالة مياه الخليج العربي - خصوصًا قرب السواحل - وكثرة التعرجات وتعدد الخلجان على خلق ظروف طبيعية ممتازة للملاحة فيه بشكل جيد[6].

وكان للصراع العسكري والسياسي بين البيزنطيين والساسانيين أثره الكبير على طرق التجارة البرية بين الشرق والغرب، وتهديد أمن مراكز الملاحة في البحر الأبيض المتوسط والبحر الأحمر والبحر العربي[7].

---

(1) العلي، صالح أحمد، التنظيمات الاجتماعية والاقتصادية في البصرة في القرن الأول الهجري، مطبعة المعارف - بغداد، 1953م، ص22.

(2) الآلوسي، تجارة العراق البحرية، ص26.

(3) ابن ماجد، الفوائد، ورقة 66أ.

(4) ينظر: ابن ماجد، الفوائد، ورقة 19أ وما بعدها؛ الآلوسي، تجارة العراق، ص82.

(5) الشيخلي، صباح إبراهيم وآخرون، دراسات عن تاريخ الخليج العربي والجزيرة العربية، شعبة الدراسات والعلوم الاجتماعية، جامعة البصرة - البصرة، 1985م، ص11؛ شهاب، حسن صالح، «العرب والبحر»، مجلة التراث الشعبي - بغداد، العدد (3-4)، 1979م، ص65؛ الشامي، أحمد، «العلاقات التجارية»، ص87.

(6) الهاشمي، «النشاط التجاري القديم في الخليج العربي وآثاره الحضارية»، ص69.

(7) رُبرت هُيلَند، تاريخ العرب في جزيرة العرب من العصر البرونزي إلى صدر الإسلام، ص52.

وأمام هذه الأوضاع والصراع الساساني الروماني، تحوَّلت طرق التجارة البحرية إلى الخليج العربي والمحيط الهندي، وكان للساسانيين دور كبير في تحويل هذه الطرق وحمايتها في سبيل المحافظة على قوتهم الاقتصادية في أثناء صراعهم مع بيزنطة[1].

وبناءً على ما ذُكر، يمكننا القول إن سكان الخليج نجحوا منذ زمن بعيد في عبور خليجهم ذهابًا وإيابًا، متاجرين مع البلدان الأخرى، وتمكنوا من الوصول إلى أماكن بعيدة من القارة الآسيوية والإفريقية، حيث خبروا الملاحة في الخليج العربي والمحيط الهندي، وعرفوا نظام الرياح الموسمية، ونظموا رحلات بحرية عديدة بين الشرق الأقصى وبين بلدان الغرب.

وأحدث ظهور الإسلام في الجزيرة العربية نقلة نوعية في توجُّه العرب الملاحي في الخليج العربي، فما إن استقر الإسلام في مناطق الخليج حتى بدأ العرب المسلمون يمارسون نشاطًا بحريًّا في الخليج العربي. وفي سنوات الإسلام الأولى انطلقت أولى الحملات العسكرية البحرية، ثم توالت بعد ذلك حملات الإسلام من الخليج، فضلًا عن قيامهم بالرحلات التجارية التي كانت تجوب البحار.

2- بحرية قطر

(أ) شُهرة قطر البحرية

تزهو قطر بذلك الدور البحري المتميز منذ قرون طويلة. ومما يؤكد ممارسة سكان الخليج العربي والمنطقة العربية للملاحة البحرية عبر الخليج العربي منذ عصور، ما ورد في الكتابات الكلاسيكية، ومنها ما كتبه بعض مؤرخي الرحلات مثل «سترابون» و«أريان» و«بوليبوس» (204-122ق.م) و«أكاثار شيدس»، حيث تشير تلك الكتابات إلى أن الملاحة البحرية نشأت

(1) العلي، صالح أحمد، التنظيمات الاجتماعية والاقتصادية، ص22.

في منطقة الخليج العربي منذ القدم[1]، وكان لقطر نصيب كبير من تلك الحضارات البحرية التي قامت في منطقة بحر الخليج[2].

وقد شهدت تجارة قطر البحرية تطورًا، فاشتهرت بالصبغ الأحمر الأرجواني المصنوع من الأصداف البحرية، وذلك خلال الحقبة الكاشية في النصف الثاني من الألف الثاني قبل الميلاد. أما في العصر الساساني، فقد انتعشت قطر بوصفها مركزًا اقتصاديًّا، ولعبت دورًا في النشاط التجاري والبحري، وتُعد اللآلئ من أشهر المنتجات التي أسهمت بها قطر خلال الحقبة الساسانية (ما بين 400-600م)، وأضحت مركزًا للصيد خلال الفترة الإسلامية المتأخرة[3].

وتُظهر بعض المصادر العربية أن قطر وقت ظهور الإسلام كانت المركز الرئيسي للتجارة والملاحة في الخليج العربي، وفيها وُجدت عدة موانئ ترسو فيها السفن التي تنقل التجارة إلى الهند والصين[4].

(ب) شُهرة الموانئ القطرية

اشتهرت قطر بموانئها التي كانت تتوافد إليها السفن من كل الأقطار، ومن تلك الموانئ ميناء «السبخة» الذي وصفه أحد الرَّحالة بأنه مرسى يقع ببحر قطر[5]، إضافةً إلى مرسى «العقير» الشهير[6].

---

[1] ينظر: الهاشمي، رضا جواد، «النشاط التجاري القديم في الخليج العربي وآثاره الحضارية»، ص59-60.

[2] ينظر: البعثة الفرنسية، المجلد (2)، ص21؛ 29؛ 31؛ كابل، تقرير البعثة الدنماركية، ص12، 35؛ طه باقر، مقدمة في تأريخ الحضارات القديمة، ج1، ص439.

[3] دليل المواقع الأثرية في دولة قطر، ص48.

[4] ياقوت الحموي، معجم البلدان، ج3، ص327.

[5] الإدريسي، نزهة المشتاق، ج1، ص162.

[6] ياقوت الحموي، معجم البلدان، ج4، ص138.

وكانت قطر محطة «ترانزيت»، حيث تستقبل الموانئ القطرية السفن من الشرق الأقصى فتُفرغ حمولتها فيها، ثم تُوزِّع بعضها على المدن الداخلية وتحتفظ بجزء منها وتُصدره على متن سفنها، إما إلى حاضرة الإسلام (بغداد) وإما إلى الساحل الشرقي لإفريقيا، ولذلك عُدَّت قطر أحد المراكز الرئيسية لتلقي الواردات من الشرق الأقصى، وفي الوقت نفسه مركز تخزين البضائع وتصديرها إلى مختلف البلدان[1].

(ج) الأسطول القطري

كانت قطر على دراية بصناعة السفن، لكن نتيجة إدراكها لأهمية امتلاك أسطول بحري، فقد عملت على جلب الخبراء في صناعة السفن من البلدان الأخرى[2]، ومع مرور الوقت اكتسب القطريون الخبرة وصاروا يصنعون السفن بأنفسهم.

ونظرًا لاهتمام قطر بصناعة السفن، فقد تمكَّنت من بناء أسطول بحري يُقدَّر عدده بمئات السفن التي تجوب مياه الخليج وعباب المحيط، وكان لهذا الأسطول الكبير دور في نقل البضائع إلى مختلف الموانئ. يضاف إلى ذلك امتلاكها لعدد كبير من مراكب صيد اللؤلؤ وصيد الأسماك[3].

(د) المعرفة القطرية بالعلوم البحرية

مما تجدر الإشارة إليه، أن القطريين كانوا على علم ودراية بالعلوم البحرية، ووصفوا بأنهم ملاحون حاذقون[4].

---

(1) تتضح الصورة من خلال المعلومات التي ذكرتها المصادر، ومنها: ياقوت الحموي، معجم البلدان، ج3، ص327؛ البكري، المسالك والممالك، ص367-368؛ الإدريسي، نزهة المشتاق ج1، ص52، 59؛ الشامي، «العلاقات التجارية»، ص92.

(2) الشامي، «العلاقات التجارية»، ص92.

(3) الشامي، «العلاقات التجارية»، ص92.

(4) الشامي، «العلاقات التجارية»، ص92.

وتروي مصادر التاريخ العربي الإسلامي شواهد متعددة على حضور أهل قطر وبراعتهم في ركوب البحر، ومشاركتهم في تجهيز أول أسطول بحري لنقل الجيش الإسلامي للجهاد تحت قيادة العلاء بن الحضرمي، كما تروي أن المسلمين أصبح لهم معسكر آخر في قطر للانقضاض على الفرس فضلًا عن معسكراتهم في جنوب العراق[1].

ثانيًا: الطرق البحرية

حظيت قطر بشبكة واسعة من الطرق البحرية الجيدة على مر العصور، وصارت الطرق البحرية تؤدي دورها جنبًا إلى جنب مع الطرق البرية، وكان دورها فعَّالًا في العمليات التجارية، سواء على المستوى الداخلي أو الخارجي، وربطت بين الموانئ القطرية المختلفة، وارتبطت بخطوط خارجية تصلها بكثير من البلدان الإسلامية المجاورة والشعوب التي دخلت معها في دائرة التبادل التجاري، وذلك بحكم موقعها الاستراتيجي المهم الذي يقع في قلب خطوط المواصلات البحرية، حيث تطل قطر على الخليج بموقع وسط، مما أكسبها مكانة تجارية مرموقة، وجعل منها محطة عبور، فقصدتها السفن التجارية من مختلف الأقطار والشعوب.

ومثَّلت موانئ قطر الشريان النابض، والنافذة التي تطل منها على ما وراءها من بحار وعوالم، والواجهة التي يراها القادم إلى سواحل الخليج العربي، كما لعبت دورًا مهمًّا في حركة النقل، وازدهار التجارة العالمية.

وقد ارتبطت قطر مع البلدان المختلفة بعدد من الطرق البحرية، من أهمها:

---

(1) حسين أمين، «دراسات تاريخية»، ص13.

1- الطريق البحري الذي يربط شرق إفريقيا بقطر

ارتبطت دول الخليج العربي بطريق بحري يصل بينها وبين شرق إفريقيا ومصر وغيرها من بلدان الغرب، وكانت سفن تلك البلدان تأتي من طرق بحرية عديدة، ثم تجتمع في ميناء عدن أو الموانئ القريبة منه، حيث كانت سفن بلدان الغرب (غرب الخليج العربي)، مثل شرق إفريقيا والسواحل الشرقية والغربية للبحر الأحمر وموانئ مصر والأردن تنطلق ثم ترسو في الموانئ اليمنية مثل: عدن، والشحر[1]، وسقطرى، وجزيرتا كوريا وموريا[2]، ثم تنطلق نحو المشرق إلى ميناء مسقط[3] الذي يستقبل السفن القادمة المحمَّلة بأصناف البضائع، ثم تمر بموانئ عُمان ثم إلى موانئ فارس ومدن الخليج مثل البحرين، وقطر، والعراق، أو إلى الهند والصين[4].

---

(1) الشَّحْر: جاءت تسميته من الشحرة، والشحرة الشط الضيق، والشحر الشط، وهو صقع على ساحل بحر الهند من ناحية اليمن. قال الأصمعي: «هو بين عدن وعُمان، قد نسب إليه بعض الرواة، وإليه ينسب العنبر الشحري». ياقوت الحموي، معجم البلدان، ج1، ص343. وهو إحدى مدن حضرموت الكبرى، والتي تضم مراكز عديدة مترامية الأطراف من حضرموت. المقحفي، معجم البلدان والقبائل اليمنية، ج1، ص359.

(2) كوريا وموريا: جزيرتان يمنيتان بالقرب من سقطرى.

(3) مسقط: من الموانئ المهمة على ساحل بحر عُمان، جنوبي مدينة صحار. ياقوت الحموي، محمد بن ياقوت (ت بعد: 723هـ/ 1323م)، المشترك وضعًا والمفترق صقعًا، عالم الكتب - بيروت، الطبعة الثانية، 1406هـ/ 1986م، ص397؛ الحميري، الروض المعطار، ص559.

(4) الرامهرمزي، بزرك (ت بعد: 342هـ/ 953م)، عجائب الهند بره وبحره وجزائره، تحقيق: عبد الله محمد الحبشي، المجمع الثقافي - أبو ظبي، الطبعة الأولى، 1421هـ/ 2000م، ص97، 126، 128، 140، 153، 156؛ المقدسي، شمس الدين بن أحمد أبو عبد الله البشاري (ت: 390هـ/ 1000م)، أحسن التقاسيم في معرفة الأقاليم، دار صادر - بيروت/ مكتبة مدبولي - القاهرة، الطبعة الثالثة، 1411هـ/ 1991م، ص86، 91-92؛ البكري، المسالك والممالك، ص367-368؛ الإدريسي، نزهة المشتاق ج1، ص52، 59. ولمزيد من المعلومات ينظر: الخيرو، رمزية عبد الوهاب، تجارة الخليج العربي وآثارها في الحياة الاقتصادية في

ويُحدِّد أحد الرَّحالة⁽¹⁾ خط سير شرق إفريقيا إلى الخليج العربي، فيذكر أنه يبدأ من عدن إلى زيلع⁽²⁾ التي تبعد عنها مسيرة أربعة أيام، وبها سوق كبيرة، فترسو فيها المراكب للبيع والشراء، ثم تُبحر منها إلى مقديشو⁽³⁾ فتصلها بعد خمس عشرة ليلة من المسير، وأهلها تجار كبار، وفيها تُصنع أجود أنواع الثياب التي تُصدَّر إلى مصر واليمن وغيرها من البلدان، ومنها تُبحر المراكب والسفن إلى ممبسا⁽⁴⁾، وترسو فيها لممارسة البيع والشراء، ثم تُبحر منها إلى مدينة كلوة⁽⁵⁾، ليعودوا منها إلى مدينة

منطقة الخليج العربي والعراق منذ صدر الإسلام حتى نهاية القرن الرابع الهجري، دار الشؤون الثقافية العامة – بغداد، الطبعة الأولى، 1407هـ/ 1987م، ص90.

(1) ابن بطوطة، أبو عبد الله محمد بن عبد الله بن محمد بن إبراهيم اللواتي الطنجي (ت: 779هـ/ 1377م)، تحفة النظار في غرائب الأمصار وعجائب الأسفار المعروف بـ«رحلة ابن بطوطة»، أكاديمية المملكة المغربية – الرباط، 1417هـ، ج2، ص114 وما بعدها.

(2) زيلع: ميناء الحبشة منذ القدم، وتقع على الساحل الغربي للبحر الأحمر. المسعودي، علي بن الحسين (ت: 346هـ/ 957م)، مروج الذهب ومعادن الجوهر، تحقيق: محمد محيي الدين عبد الحميد، دار الفكر – بيروت، الطبعة الخامسة، 1393هـ/ 1973م، ج2، ص19؛ الغنيمي، عبد الفتاح، الإسلام والمسلمون في شرق إفريقيا، عالم الكتب – القاهرة، الطبعة الأولى، 1418هـ/ 1998م، ص102.

(3) مقديشو: مدينة وميناء مشهور في شرق إفريقيا، وهي من المحطات التجارية المهمة، ولها علاقات قوية مع بلاد اليمن منذ القدم، وتقع في أول بلاد الزنج من ناحية الجنوب، وتطل على ساحل المحيط الهندي. ياقوت الحموي، معجم البلدان، ج5، ص173؛ ابن المجاور، تاريخ المستبصر، ص117، الغنيمي، الإسلام والمسلمون، ص138.

(4) ممبسا أو منبسة: مدينة كبيرة بأرض الزنج ترفأ إليها المراكب. ينظر: ياقوت الحموي، معجم البلدان ج5، ص2.

(5) كلوة: مدينة وميناء مشهور في شرق إفريقيا، ولها علاقات قوية مع بلاد اليمن منذ القدم، وتقع في بلاد الزنج على ساحل المحيط الهندي جنوب منبسة. ياقوت الحموي، معجم البلدان، ج4، ص478؛ ابن المجاور، تاريخ المستبصر، ص117؛ ابن الأثير، الكامل في التاريخ، ج9، ص389. وهي داخلة في جمهورية تنزانيا، وتُسمى حاليًّا كلواكسواني.

ظفار[1] التي بينها وبين الهند مسيرة شهر، ومنها تُبحر المراكب باتجاه عُمان فتصل إلى ميناء حاسك[2]، فتخرج منه المراكب لتمرَّ بعدد من المراكز حتى تصل إلى جزيرة مصيرة[3]، ومنها تتجه المراكب إلى مدينة قلهات[4] التي ترسو فيها أكثر سفن الهند. وكان التجار يستريحون في عُمان ثم يتزودون بالمياه والمؤن، وتتوجه المراكب منها إلى هرمز، ومنها تُبحر إلى سيراف[5]، ومنها إلى هجر والموانئ القريبة منها على الخليج في البحرين وقطر.

وكان مسار السفن العربية إلى شرق إفريقيا يبدأ من أحد المراكز، سواء من البصرة أو سيراف أو قطر أو البحرين أو عُمان، ومنها تنطلق إلى عدن، ومنها إلى البحر الأحمر لتجتازه إلى السواحل الشرقية عند مدغشقر[6]

---

(1) ظفار: الإقليم الجنوبي لسلطنة عُمان، وتقدر مساحتها بثلث مساحة عُمان، وتمتد من دائرتي عرض 10 و52 درجة وبين دائرتي طول 16.50 و19.50 شمالًا. وتُعرف اليوم بـ«محافظة ظفار» وحاضرتها مدينة صلالة التي تبعد عن العاصمة مسقط 1023كم، وتضم تسع ولايات، ينظر: الحتروشي، سالم بن مبارك، «الخصائص الجغرافية لمحافظة ظفار»، حصاد الندوة، ظفار عبر التاريخ، الفترة من 17-19 جمادى الآخرة 1418هـ/ 19-21 أكتوبر، 1997م، الطبعة الأولى، 1421هـ/ 2000م، ص31-32.

(2) حاسك: ميناء على مقربة من مرباط ومصيرة. الإدريسي، نزهة المشتاق، ج1، ص56؛ ابن المجاور، تاريخ المستبصر، ص99؛ ابن بطوطة، الرحلة، ج2، ص130.

(3) مصيرة: جزيرة في بحر عُمان. ياقوت الحموي، معجم البلدان، ج5، ص144.

(4) قَلْهَات: مدينة بعُمان على ساحل البحر، إليها ترفأ أكثر سفن الهند، وهي الآن فرضة تلك البلاد. ياقوت الحموي، معجم البلدان، ج4، ص393.

(5) سِيرافُ: مدينة جليلة على ساحل بحر فارس، كانت قديمًا فرضة الهند، وقيل: كانت قصبة كورة أردشير خرَّه من أعمال فارس، والتجار يسمونها «شيلاو». ياقوت الحموي، معجم البلدان، ج2، ص294.

(6) مدغشقر: جزيرة في المحيط الهندي بالقرب من قارة إفريقيا شرقًا. عبد العزيز طريح شرف، المقدمات في الجغرافيا الطبيعية، مركز الإسكندرية للكتاب - الإسكندرية، ص199؛ فايد، يوسف عبد المجيد، جغرافية المناخ والنبات، دار النهضة العربية، ص177.

والصومال وزنجبار(1). وكانت سفالة أقصى ما تصل إليه الملاحة العربية في شرق إفريقيا، وهي نقطة النهاية للملاحة العربية(2).

2- الطريق البحري الذي يربط العراق بقطر

يمر هذا الطريق عبر دجلة، وعند نهايته يتفرق إلى طريقين، أحدهما يتجه يمينًا نحو سواحل أرض البحرين، وفيه تسافر المراكب إلى البحرين وبحر العرب وقطر(3).

ويذكر «الإدريسي» أنه بعد الوصول إلى بحر قطر تنطلق السفن إلى البصرة، فيقول: «... ومنه يسار إلى المرسى المفقود، وهو مرسى جليل مُمكَّن من رياح شتى، وبه عين ماء غزير عذب، ومنه إلى ساحل «هجر» وهو أول بلاد البحرين، ومن ساحل هجر إلى البصرة...»(4).

3- الطريق البحري الذي يربط اليمن بقطر

أشارت مصادر الرحلات(5) إلى وجود طريق بحري يربط اليمن بقطر

---

(1) زنجبار: هي الآن جزء من تنزانيا. علي بن إبراهيم الحمد النملة، التنصير مفهومه وأهدافه ووسائله وسبل مواجهته، تحقيق: علي بن إبراهيم الحمد، الطبعة الثالثة، 1424هـ/ 2003م، ص145؛ الغزالي، محمد، الفساد السياسي، دار نهضة مصر، الطبعة الأولى، ص34.

(2) النقيرة، محمد عبد الله، انتشار الإسلام في شرقي إفريقيا ومناهضة الغرب له، دار المريخ - الرياض، 1982م، ص23.

(3) ياقوت الحموي، معجم البلدان، ج3، ص327.

(4) الإدريسي، نزهة المشتاق، ج1، ص162.

(5) ابن خرداذبه، المسالك والممالك، ص60؛ الرامهرمزي، عجائب الهند، ص140؛ المقدسي، أحسن التقاسيم ص53؛ ابن فضل الله العمري، شهاب الدين أحمد بن يحيى بن فضل الله القرشي العدوي (ت: 749هـ/ 1349م)، مسالك الأبصار في ممالك الأمصار، ممالك المسلمين بالحبشة والأندلس، تحقيق: مصطفى أبو ضيف أحمد، مكتبة الآمالي - الرباط، الطبعة الأولى، 1409هـ/ 1988م، ص157-158.

وغيرها من المدن المطلة على الساحل الغربي للخليج العربي، وذكرت المصادر أن السفن التجارية القادمة من موانئ الخليج كانت تتردد عبر هذا الطريق حتى تصل إلى الموانئ اليمنية، أو تنطلق من عدن والشحر إلى موانئ هذه المدن (مثل: العقير، والقطيف، وهجر، وقطر)، وهي محملة بالسلع لتصريفها في أسواق هذه المدن، أو محملة بسلع بلدان الخليج من قطر وعُمان والشحر ومرباط[1]، ثم تتجه إلى حضرموت، ثم عدن[2].

4- الطريق البحري الذي يربط جلفار[3] بقطر

يذكر «الإدريسي» هذا الطريق بقوله: «... ومن جلفار وأنت نازل إلى البحرين تصير إلى مرسى السبخة، وهو مرسى فيه عين نابعة عذبة، ومنه إلى شقاب وبوار وبحر عويص صعب السلوك، وتُسمَّى هذه الأمكنة ببحر قطر»[4].

---

(1) مِرباط: مدينة قديمة على الساحل، بينها وبين ظفار خمسة فراسخ، سميت بهذا الاسم لكثرة ما كان يربط بها من خيول أهل سيراف وآل منجوه آخر من بها من الفرس في القرن السادس الهجري/ الثاني عشر ميلادي. للمزيد ينظر: المهري، محمد بن مسلم، «الإمام القلعي»، حصاد ندوة سلسلة من أعلامنا، 27 صفر 1434هـ/ 30 ديسمبر 2012، بيت الغشام للنشر والترجمة، الطبعة الأولى، 2015م، ص41-42.

(2) ياقوت الحموي، معجم البلدان، ج1، ص343.

(3) جُلْفار: بلد بنواحي عُمان. ياقوت الحموي، معجم البلدان، ج2، ص154؛ الفيروز آبادي، العلامة مجد الدين محمد بن يعقوب (ت: 817هـ/ 1414م)، القاموس المحيط، تحقيق: مكتب تحقيق التراث في مؤسسة الرسالة بإشراف: محمد نعيم العرقسوسي، مؤسسة الرسالة للطباعة والنشر والتوزيع - بيروت، الطبعة الثامنة، 1426هـ/ 2005م، ج1، ص367؛ مرتضى الزبيدي، تاج العروس، ج10، ص456. وتُسمى أيضًا «جرفار». البغدادي، مراصد الاطلاع، ج1، ص154. وهي تعرف بـ«رأس الخيمة» حاليًا. مجموعة من المؤلفين، الموسوعة العربية العالمية، عمل موسوعي ضخم اعتمد في بعض أجزائه على النسخة الدولية من دائرة المعارف العالمية (World Book International)، ص14.

(4) الإدريسي، نزهة المشتاق، ج1، ص162.

5- الطريق البحري الذي يربط الكويت بقطر

يبدأ هذا الطريق من كاظمة، ثم يتجه نحو البصرة، ومنها ينطلق إلى جزيرة أوال التي هي وسط البحر[1]، ومنها إلى قطر وما إلى ذلك من الموانئ[2].

6- الطريق البحري الذي يربط سيراف بقطر

يمضي هذا الطريق مباشرة من موانئ قطر إلى سيراف، كما أنها - موانئ قطر - كانت محطة ترانزيت للسفن اليمنية المتجهة إلى سيراف[3] وغيرها من الموانئ الغربية لسواحل الخليج.

7- الطريق البحري الذي يربط الهند والصين بقطر

يبدأ هذا الطريق من موانئ قطر وغيرها من موانئ ساحل الخليج، ويتجه نحو الجنوب حتى يصل إلى هرمز التي تُعد أهم المحطات التجارية على الخليج، ثم يواصل مُضيه شمالًا حتى يصل إلى ثارا التي تُعد الحد الفاصل بين بلاد فارس وبلاد السند، ومنها تواصل المراكب سيرها لعدة أيام بمحاذاة ساحل السند لتصل إلى الديبل[4]، ويواصل الطريق التجاري مروره على عدة

---

(1) الهمداني، الصفة، ص135.

(2) ابن بطوطة، الرحلة، ج2، ص140 وما بعدها.

(3) ياقوت الحموي، معجم البلدان، ج4، ص74.

(4) الديبل: إحدى مدن السند على ساحل البحر، وهي بلد صغيرة شديدة الحر، كانت تُجلب إليها بعض السلع من البلاد العربية، وهي فرضة بلاد السند، بينها وبين المنصورة ست مراحل، ومنها إلى بيرون أربع مراحل، وهي وسط الطريق إلى المنصورة. أبو الفداء، تقويم البلدان، ص349. ويضاف إلى ذلك ما ذُكر أنها كانت تقع على نهر مهرا؛ أي السند قديمًا، وهي مرفأ مهم جدًّا على البحر، وأهلها كلهم تجار. ينظر: سليمان المهري، سليمان بن أحمد بن سليمان (ت: 961هـ/ 1554م)، العلوم البحرية عند العرب (رسالة قلادة الشموس واستخراج قواعد الأسوس وتحفة الفحول في تمهيد الأصول في أصول البحر)، تحقيق: إبراهيم خوري، 1391هـ/ 1971م، ص522-524.

مراكز تجارية أخرى حتى يدخل إلى كولم ملي[1] على ساحل مليبار[2]، وهو طريق طويل نوعًا ما، وهناك طريق ثانٍ يخرج من موانئ الخليج إلى مسقط أو صحار في عُمان، حيث تتزود السفن بالماء والطعام، ومنها تتجه صوب ساحل المليبار في الهند[3].

ويلاحظ أن الطريق الثاني يختصر المسافة إلى النصف، وهو أكثر سلوكًا من الأول، إلا إن الطريق الأول يتيح لسالكيه فرصة البيع والشراء، والتعرُّف على رغبات الناس وحاجاتهم من السلع في أثناء مرور السفن في المحطات التجارية الواقعة في الطريق الملاحي.

ومن كولم ملي يتفرع طريقان: أحدهما يسير عابرًا عددًا من المحطات حتى يصل إلى كيلكان وما جاورها[4]، حيث تستطيع السفن الصغيرة السير على طول السواحل حتى تصل إلى خليج البنغال[5]، ومنه تسير المراكب إلى جزيرة سرنديب (سيلان) التي تبعد عن كولم مسيرة يوم[6]، فتنزل بشواطئها ويشتري التجار من منتجاتها التي من أبرزها «الياقوت»

---

(1) كولم ملي: مدينة ومرفأ كبير من مرافئ الهند الغربية في القرون الوسطى على ساحل شبه جزيرة الدكن الغربي. سليمان المهري، العلوم البحرية عند العرب، ص457. ويذكر أنها آخر بلاد المليبار من الشرق، وقد اشتهرت بأجود أنواع الفلفل، وكان ينزلها العرب للمتاجرة مع أهلها، فاستوطنوها حتى أصبحت لهم حارة عرفت بـ«حارة المسلمين» ولهم بها جامع، وكانت المراكب تقلع منها إلى عدن عبر المحيط دون توقف. أبو الفداء، تقويم البلدان، ص3.

(2) مليبار: إقليم كبير يحتوي على مدن كثيرة منها: فاكنور، ومنجرور، ودلهي، وغيرها من المدن، ويجلب منه الفلفل إلى جميع أنحاء العالم، وهو في وسط بلاد الهند. البغدادي، مراصد الاطلاع على أسماء الأمكنة والبقاع، ج3، ص1310.

(3) ابن بطوطة، الرحلة، ج4، ص3 وما بعدها.

(4) ابن خرداذبه، المسالك والممالك، ص63.

(5) حوراني، جورج، العرب والملاحة، ص212.

(6) ابن خرداذبه، المسالك والممالك، ص64-65.

الذي اشتهرت به الجزيرة حتى عرفت به(1). أما الطريق الثاني فيتجه إلى الصين، وتدفع المراكب المارة بهذا الطريق ضريبة تُقدَّر بألف درهم في كولم ملي(2)، ثم تخرج المراكب لتمرَّ إلى الجنوب من جزيرة سرنديب، ثم تسير شرقًا لمدة خمسة عشر يومًا تقريبًا، تعبر خلالها بحر هركند(3)، لتصل بعد ذلك إلى جزيرة النكبالوس(4)؛ إحدى جزر نيكوبار، حيث ينزل التجار لتبادل السلع مع سكانها والتزود بالمياه، ثم يواصلون سيرهم حتى يصلوا بعد ستة أيام إلى ميناء كله بار(5)، ومنه تُبحر بعض السفن إلى جاوة(6) وسومطرة(7).

بعد ذلك تواصل السفن سيرها مارة بعدد من المحطات التجارية حتى تصل إلى بحر شلاهط(8)، ثم تعبر مضيق ملاكة إلى الهند الصينية، وتخرج منها فتمرُّ بالعديد من المحطات التجارية حتى تصل إلى ساحل الصنف(9)، ومنه تواصل المراكب سيرها باتجاه الصين حتى تصل إلى

---

(1) السيرافي، رحلة السيرافي، ص121؛ الآلوسي، تجارة العراق البحرية مع إندونيسيا، ص102-103.

(2) سليمان المهري، العلوم البحرية عند العرب، ص45.

(3) هركند: بحر في أقصى بلاد الهند بين الهند والصين، وفيه جزيرة سرنديب، وهي آخر جزر الهند مما يلي المشرق. ياقوت الحموي، معجم البلدان، ج5، ص399.

(4) النكبالوس: جزيرة سرنديب وجزيرة كلَة. ياقوت الحموي، معجم البلدان، ج1، ص15.

(5) كله بار: ميناء في الهند، وهو منتصف الطريق بين عُمان والصين. ياقوت الحموي، معجم البلدان، ج4، ص478.

(6) جاوة: جزيرة إندونيسية مشهورة، بها مدينة كبيرة على ساحل البحر في أرخبيل السند عاصمتها جاكرتا، ينسب إليها اللبان الجاوي.

(7) السيرافي، رحلة السيرافي، ص26، 29؛ حوراني، العرب والملاحة، ص213.

(8) بحر شلاهط: بحر عظيم يأتي بعد بحر هركند إلى الشرق منه، وفيه جزيرة سيلان (سرنديب). ياقوت الحموي، معجم البلدان، ج3، ص35.

(9) الصنف: هي مملكة تشامبا، وتقع في الجزء الشرقي من الهند الصينية. حوراني، العرب والملاحة، ص214.

لوقين، وهي أول ميناء صيني من جهة الهند[1]، ثم تسير السفن على طول سواحل مدينة لوقين حتى تصل إلى كانتون[2]؛ ميناء الصين العظيم[3] الذي يُعدُّ من أكبر المحطات التجارية الصينية[4]، ثم تتحرك المراكب إلى قانصو ثمانية وعشرين يومًا، وهي في أقصى بلاد الصين بإزاء بلاد الشيلا[5] (كوريا الشمالية حاليًّا)[6].

أما رحلة العودة من الصين باتجاه الهند والساحل العربي، فكانت تعتمد على الرياح، حيث تنتظر المراكب في الموانئ الصينية حتى انقضاء الصيف، وعند هبوب الرياح الموسمية الشمالية الشرقية التي تدفع المراكب إلى مضيق ملاكة بين شهري أكتوبر وديسمبر تُبحر المراكب عائدة إلى الموانئ الهندية حتى تصل في نهاية ديسمبر إلى كله بار[7]، وفي يناير تدفعها الرياح

---

(1) ابن خرداذبه، المسالك والممالك، ص68-69.

(2) كانتون: كانت تُسمى قديمًا «خانفو»، وتقع غربي نهر خمدان، وهو نهر كبير، أكبر من نهر دجلة والفرات، وتعتبر من أكبر المدن الصينية، وبها ميناء يستقبل السفن التجارية من مختلف البلدان وبصفة مستمرة. التاجر سليمان (ت: بعد 237هـ/ 851م)، أخبار الصين، تحقيق عبد الله محمد الحبشي، المجمع الثقافي - أبو ظبي، 1419هـ/ 1999م، ص23-24؛ السيرافي، أبو زيد حسن بن يزيد (ت بعد: 330هـ/ 935م)، أخبار الصين والهند، تحقيق: إبراهيم الخوري، دار الموسم للإعلام - بيروت، الطبعة الأولى، 1411هـ/ 1991م، ص60، 76، 79؛ المسعودي، علي بن الحسين (ت: 346هـ/ 957م)، أخبار الزمان، دار الأندلس للطباعة والنشر - بيروت، الطبعة الخامسة، 1403هـ/ 1983م، ص61؛ مروج الذهب، ج1، ص138؛ الصيني، بدر الدين حي، العلاقات بين العرب والصين، مكتبة النهضة المصرية - القاهرة، الطبعة الأولى، 1370هـ/ 1950م، ص129.

(3) حوراني، جورج، العرب والملاحة، ص214.

(4) ابن خرداذبه، المسالك والممالك، ص68-69.

(5) الحميري، الروض المعطار، ص37.

(6) حوراني، العرب والملاحة، ص214.

(7) شوقي عبد القوي عثمان، «تجارة المحيط الهندي في عصر السيادة الإسلامية (41-904هـ/ 661-1498م)»، عالم المعرفة، العدد (151)، 1990م، ص92.

نفسها حتى تعبر خليج البنغال[1] إلى كولم ملي ومنها إلى ريسوت[2] في فبراير أو مارس، مستعينة في السير بالرياح الموسمية الجنوبية الغربية في أبريل، ومنها إلى الخليج في فصل الصيف الذي يسوده الهدوء والسكينة[3].

على أية حال، كانت الرحلات إلى الهند من الساحل العربي ممكنة طوال العام، وكانت المراكب العربية تقوم بأكثر من رحلة ذهابًا وإيابًا، فتبحر عند هدوء الرياح الجنوبية الغربية، وتصل إلى سواحل الهند خلال أسبوعين تقريبًا، لكن الرحلة ذهابًا وإيابًا مع التوقف للتبادل التجاري كانت تستغرق ثلاثة أشهر تقريبًا[4].

ويذكر ابن بطوطة[5] طريقًا آخر يبدأ من موانئ الخليج من البحرين وقطر، ثم تواصل المراكب سيرها حتى تصل إلى مدينة لاهري[6]، ومنها تبحر نحو الشرق فتمر ببعض المحطات حتى تصل إلى مدينة الملتان[7]، وفيها تُفتَّش المراكب تفتيشًا دقيقًا، ويأخذون مقدار الرُّبع من كل ما يجلبه التجار من بضائع وسلع، وتُفرض على كل فرس سبعة دنانير ضريبة، ثم يخرج المسافرون ليواصلوا سيرهم حتى ينتهوا في أول أرض الهند، ثم تواصل المراكب سيرها بجوار الساحل لتمر بكثير من المحطات التجارية

---

(1) البنغال: تقع شمال شرق الهند وهي بنجلادش.

(2) الرحلة، ج2، ص153.

(3) حوراني، العرب والملاحة، ص221.

(4) شوقي، «تجارة المحيط الهندي»، ص92.

(5) الرحلة، ج3، ص72 وما بعدها.

(6) لاهري: مدينة على ساحل المحيط الهندي، ولها مسرى عظيم، يأتي إليها أهل اليمن وفارس وغيرهم بغرض المتاجرة. ابن بطوطة الرحلة، ج3، ص82، 84.

(7) الملتان: مدينة بنواحي الهند قرب غزنة، وأهلها مسلمون. ياقوت الحموي، معجم البلدان، ج5، ص189.

حتى تصل إلى دلهي[1]، ومنها يخرج المسافرون مع محاذاة السواحل فيمرون بالعديد من المدن حتى يصلوا إلى مدينة كنباية[2]، ومنها تخرج المراكب متجهة إلى قندهار التي كانت مركزًا للتجارة، ويتاجر فيها في مختلف السلع، وتأتي إليها السفن بشتى البضائع، وتتزود منها بما تحتاج إليه من السلع، ثم تغادرها إلى مدينة قوقة[3]، ثم تخرج المراكب لتمر بعدة محطات تجارية حتى تصل إلى مدينة كولم ملي، وهي من أفضل مدن الهند، ولها أسواق تجارية كبيرة، وتجارها يُسمون بـ«الصوليين»، وكانوا من أغنى تجار العالم في ذلك الوقت.

ثالثًا: الطرق التجارية البرية

تُمثِّل الطرق التجارية عاملًا أساسيًا في ازدهار النشاط التجاري، فكلما زادت الطرق وانتشر فيها الأمن نشطت الحركة التجارية، والعكس صحيح، لذا فإن حركة التبادل التجاري تتوقف في الغالب على الطرق التجارية.

وعلى هذا الأساس، عُدَّت الطرق العصب الرئيسي المحرك للتجارة والنشاط الاقتصادي، ولهذا نجد الرَّحالة والجغرافيين قد أسهبوا في تناولها، ووضحوا محطاتها، وبيَّنوا مخاطرها وما يتوفر فيها من تسهيلات.

لا شك أن الطرق البرية تُعد من أيسر الطرق التجارية، فهي أقل تكلفة على التجار، خصوصًا إذا توفر فيها الأمن والخدمات، في الأماكن

---

(1) دلهي: قاعدة بلاد الهند، ومن أعظم المدن الإسلامية. ابن بطوطة، الرحلة، ج3، ص67.

(2) كنباية: مدينة هندية على ساحل البحر يقصدها التجار وبها مسلمون، وهي إلى الغرب من مليبار. سليمان المهري، العلوم البحرية عند العرب، ص51.

(3) قوقة: بندر على ساحل خليج كنباية الغربي، بها مرسى جيد للسفن الصغيرة، وهي مشهورة بسوق قطنها، وقد هجرتها المراكب لأن المد يطغى على أراضيها. سليمان المهري، العلوم البحرية عند العرب، ص5.

الصحراوية على وجه الخصوص. ومن هنا كانت الطرق البرية محط اهتمام حكام قطر، فاهتموا بأمنها وتعميرها، وبنوا المساجد على امتدادها، وحفروا الآبار بين محطاتها.

وقد حظيت قطر بشبكة واسعة من الطرق التجارية البرية، ربطتها بمعظم مدن الجزيرة العربية التي كانت تنقل إليها البضائع والسلع الآتية من جنوب الجزيرة وشمالها.

وهكذا أصبحت دروب قطر حلقة وصل مهمة في شبكة المواصلات البرية، فسلكتها القوافل التجارية من مختلف الأصقاع وعبر القرون المختلفة، ولا تزال تحتفظ بكثير من الدلائل التي تقف شاهدًا على وجود هذه الطرق منذ أقدم العصور.

وفيما يلي سنحاول توضيح تلك الطرق التي كانت تربط قطر بغيرها:

1- طريق العراق قطر

ارتبطت قطر مع العراق بشبكة من الطرق البرية تصل بين البلدين، وتسلكها القوافل التجارية في تنقلها محملة بأصناف السلع التجارية لبيعها في أسواق البلدين.

ومن أهم الطرق التي ربطت بين البلدين ذلك الطريق الذي يبدأ من البصرة (للقادم من العراق) ويتجه إلى عبادان[1]، ثم إلى الحدوثة[2]، ثم

(1) عبادان: منطقة تحت البصرة. ياقوت الحموي، معجم البلدان، ج4، ص74.

(2) الحدوثة (الحديثة): بلدة كانت على دجلة بالجانب الشرقي، قرب الزاب الأعلى، والحدوثة تعرف بحديثة النورة، على فراسخ من الأنبار، وبها قلعة حصينة وسط الفرات والماء يحيط بها. ياقوت الحموي، معجم البلدان، ج2، ص230.

إلى عرفجا[1]، ثم إلى الزابوقة[2]، ثم إلى المِقَر[3]، ثم إلى عصى[4]، ثم إلى المعرس[5]، ثم إلى خُلَيجة[6]، ثم إلى حسان[7]، ثم إلى القرى[8]، ثم إلى مسيلحة[9]، ثم إلى حمض[10]، ثم إلى ساحل هَجَر، ثم إلى العقير، ثم إلى قطر[11]، والعكس إذا كان الانطلاق من قطر.

وتُعد المناطق المذكورة محطات مرتبطة بطرق مع قطر، تبدأ من أي منطقة منها، وتمرُّ بالمحطات الأخرى لتنتهي إلى قطر.

2- طريق عُمان قطر

يبدأ هذا الطريق من أي منطقة ساحلية في عُمان، ثم تلتقي الطرق في

---

(1) عرفجا: موضع معروف، وهو ماء لبني عميلة، ويذكر أنه لبني قشير. ياقوت الحموي، معجم البلدان، ج4، ص105.

(2) الزابوقة: أحد المراكز التابعة لمدينة البصرة. ياقوت الحموي، معجم البلدان، ج1، ص431.

(3) المقر: موضع بالبصرة على مسيرة ليلتين وهو وسط كاظمة. ياقوت الحموي، معجم البلدان، ج5، ص175.

(4) عصى: موضع على شاطئ الفرات. ياقوت الحموي، معجم البلدان، ج4، ص128.

(5) المعرس: لم أجد لها تعريفًا، لكن يبدو أنها من المراكز التجارية التابعة للبصرة.

(6) خُليجة: لم أجد لها تعريفًا، لكنها منزلة على الطريق من البصرة إلى عُمان بعد عصى.

(7) حسان: قرية بين دير العاقول وواسط، ويقال لها «قرنا أم حسان». ياقوت الحموي، معجم البلدان، ج2، ص258.

(8) القرى: هي في طريق مكة والبصرة على طريق الساحل. ياقوت الحموي، معجم البلدان، ج4، ص336.

(9) مسيلحة: موضع بالنباج من أعمال العراق على الطريق إلى عُمان. ياقوت الحموي، معجم البلدان، ج5، ص129.

(10) حَمَضٌ: موضع بين البصرة والبحرين في شرقي الدهنا، وقيل بين الدو وسودة، وهو منهل وقرية كان ينزلها المسافرون للراحة. ياقوت الحموي، معجم البلدان، ج2، ص305.

(11) ابن خرداذبه، المسالك والممالك، ص60.

ودَبا، ثم صُحار[1]، ثم إلى السبخة، ثم إلى قطر[2]. وإذا كان هذا هو طريق عُمان الساحلي إلى قطر فمما لا شك فيه أن هناك طريقًا - أو طرقًا - بين عُمان الداخل وقطر وإنْ صمتت المصادر عن ذلك.

3- طريق اليمن قطر

ارتبطت بلاد اليمن مع شرق الجزيرة العربية ببعض الطرق البرية، ومن الطرق التي تصل بينها وبين قطر:

(أ) طريق حضرموت قطر

يبدأ هذا الطريق من حضرموت، ثم يستمر بحذاء الساحل حتى يصل إلى عُمان، ثم إلى البحرين - ومنها قطر - ثم إلى العراق[3]، لكن هذا الطريق البري يصعب سلوكه لكثرة القفار وقلة السكان، لذا فقد كان لبلاد اليمن طريق آخر أكثر سلوكًا من هذا الطريق يربطها بشرق الجزيرة العربية.

(ب) طريق صنعاء اليمامة قطر

يبدأ هذا الطريق من مدينة صنعاء، ثم يتجه إلى صعدة، ثم إلى نجران،

---

(1) صحار: قصبة عُمان وأكثر مدنها عمارة ومالًا. الإصطخري، المسالك والممالك، ص25؛ ابن حوقل، صورة الأرض، ج1، ص38؛ العزيزي، الحسن بن أحمد المهلبي (ت: 380هـ/ 990م)، المسالك والممالك، جمعه وعلق عليه ووضع حواشيه: تيسير خلف، ص25.

(2) ابن خرداذبه، المسالك والممالك، ص53.

(3) ابن حوقل: صورة الأرض، ص41؛ محمد سعيد شكري، الأوضاع القبلية في اليمن منذ بداية العصر الراشدي وحتى الفتنة الكبرى، رسالة ماجستير غير منشورة، مقدمة إلى كلية الآداب، جامعة دمشق - دمشق، 1406هـ/ 1986م، ص133.

ومنها إلى المعدن[1]، ثم يمرُّ عبر سلسلة من الطرق حتى يصل إلى واحة العقيق[2]، ثم الأفـلاج[3]، ومنها إلى الخرج[4]، ثم اليمامة. وكان التجار يتوقفون عبر هذا الطريق في عدد من المنازل بين الحين والآخر للراحة والتزود بالماء والطعام والمؤن الضرورية التي يحتاجون إليها، ثم يتابعون سيرهم إلى الوجهة التي يريدونها[5]، حيث تتواصل الرحلة من اليمامة إلى بلاد البحرين وقطر والعراق.

والطريق من قطر - كما أحسب - يبدأ منها، ثم إلى اليمامة، ثم إلى الخرج، ثم إلى نبعة، ثم إلى المجازة، ثم إلى المعدن، ثم إلى الشفق، ثم إلى الثور، ثم إلى الفلج، ثم إلى الصفا، ثم إلى بئر الآبار، ثم إلى نجران، ثم إلى

---

(1) المعدن: من قرى صمخ بمنطقة بيشة في إمارة بلاد عسير. الجاسر، حمد بن محمد، المعجم الجغرافي للبلاد العربية السعودية، دار اليمامة للبحث والترجمة والنشر - الرياض، الطبعة الأولى، 1397هـ/ 1977م، ج3، ص1376.

(2) العقيق: هو ما يعرف باسم عقيق جرم، وعقيق عقيل، وعقيق تمرة. الهمداني، الحسن بن أحمد (ت: 360هـ/ 970م)، كتاب الجوهرتين العتيقتين المائعتين الصفراء والبيضاء، تحقيق: حمد الجاسر، دار اليمامة للنشر والتوزيع - الرياض، الطبعة الأولى، 1408هـ/ 1987م، ص275. ويعرف حاليًّا باسم «وادي الدواسر»، وفيه قرى كثيرة قاعدتها الخماسين، وأسفله السليل. الجاسر، المعجم الجغرافي، ج2، ص992-993.

(3) الأفلاج: بلاد واسعة وتشتمل على قرى وأودية، وهي ذات نخيل وفيها عيون وآبار، وكانت تُسمى قديمًا «الفلج»، وهي من مدن اليمامة المشهورة. ينظر: الحربي، المناسك وأماكن طرق الحج، ص620؛ الهمداني، الصفة، ص273؛ الأصفهاني، الحسن بن عبد الله (ت نحو: 310هـ/ 923م)، بلاد العرب، تحقيق: حمد الجاسر وصالح العلي، دار اليمامة للنشر والتوزيع - الرياض، الطبعة الأولى، 1388هـ/ 1968م، ص221، 224؛ الجاسر، المعجم الجغرافي ج1، ص195.

(4) الخرج: يقع في منطقة الرياض، ويبعد عنها نحو 84كم، جنوب شرق مدينة الرياض، وهي منطقة زراعية تنتج أنواعًا مختلفة من المحاصيل الزراعية، ينظر: الجاسر، المعجم الجغرافي، ج1، ص518.

(5) الهمداني، كتاب الجوهرتين، ص90؛ الصفة، ص279.

الحمى، ثم إلى برانس، ثم إلى مريع، ثم إلى المهجرة، ثم إلى طريق الجادة، ثم إلى صنعاء[1].

(ج) طريق عدن قطر

لأهل اليمن طريق بري آخر يربطها بعُمان والبحرين وقطر وشرق الجزيرة العربية، ويبدأ هذا الطريق من عدن إلى حضرموت، ومنها إلى عُمان، ثم إلى البحرين ومنها إلى اليمامة[2]، حيث تتواصل الرحلة بعد ذلك من اليمامة إلى بلاد البحرين وقطر والعراق.

(د) طريق صعدة قطر

يبدأ من صعدة إلى نجران، ومنها إلى تثليث، ثم يتجه شرقًا إلى وادي الدواسر، مارًّا بالفاو، ثم يمرُّ بجبال طويق[3]، والخماسين[4]، ثم واحات ليلى[5]، ومنها إلى الأفلاج، ثم الخرج، ومنها إلى اليمامة [ومنها إلى قطر]، ثم إلى البصرة وغيرها من المدن العراقية[6].

ليست هذه هي كل الطرق، بل هناك طرق أخرى، منها طرق الحجيج

---

(1) ابن خرداذبه، المسالك والممالك، ص152.

(2) البكري، المسالك والممالك، ص368-372؛ محمود قمر، دور البحرين في الملاحة والتجارة البحرية من صدر الإسلام حتى سقوط الخلافة العباسية، عين للدراسات والبحوث الإنسانية والاجتماعية - القاهرة، الطبعة الأولى، 1417هـ/ 1997م، ص57.

(3) جبال طويق: تعرف بـ«جبال العارض»، في الطرف الجنوبي من هذه الجبال تقع قرية الفاو الأثرية. ينظر، الهمداني، كتاب الجوهرتين، ص407، 425.

(4) الخماسين: قاعدة وادي الدواسر، ويتبعها عدة قرى، وهي تابعة لإمارة الرياض. الجاسر، المعجم الجغرافي، ج1، ص542؛ ج2، ص992.

(5) ليلى: قاعدة الأفلاج في إمارة الرياض. الجاسر، المعجم الجغرافي، ج3، ص1243.

(6) الهمداني، كتاب الجوهرتين، ص90؛ الصفة، ص279.

إلى مكة والمدينة، والطرق إلى تبوك وبلاد الشام، وغير ذلك من المدن في الجزيرة العربية.

يتضح مما سبق أن قطر حظيت بشبكة من الطرق البرية ربطتها بالجزيرة العربية، وساعدتها على الدخول معها في دائرة التبادل التجاري، وشكَّلت روافد مهمة وإطلالة رائعة، وعكست صورة واضحة عن ازدهار النشاط التجاري لقطر خلال العصور المختلفة.

خاتمة

حملت هذه الدراسة على عاتقها مهمة تأصيل الدور التاريخي لدولة قطر، من خلال استعراض أهم المحطات التاريخية لهذا البلد العريق، حيث حلَّلت أهم النقاط المضيئة على طريق امتد منذ نحو عشرة آلاف عام قبل الميلاد، وهي فترة زمنية كبيرة جدًّا. وقد انتهجنا منهجًا يقوم على الدراسة التأسيسية التي تُمثِّل المدخل إلى عدد من القضايا التاريخية التي لا تزال في حاجة إلى جهود بحثية جادة ومتخصصة تتعمق في سبر أغوار تفاصيلها الدقيقة.

وقد وضعنا هذه الدراسة لتكون دليلًا إلى طريق بحثي طويل لا يزال في حاجة إلى باحثين مثابرين ومؤمنين بقيمة السعي فيه.

بدأت هذه الدراسة بتناول قضية تسمية هذه المنطقة الجغرافية المعروفة عالميًّا باسم «قطر»، مع ربط ذلك بطبيعة النشاط الإنساني الذي حدث فيها على مدى آلاف السنوات، فتناولت الاسم من الناحية اللغوية، وخلصت إلى أن كلمة «قطر» مرتبطة بفعل النزول بشكل متوالٍ وكثيف وسريع، وهذا ما يتجلى في حركة هطول الأمطار، ومن ثَمَّ ارتبط هذا الاسم بغزارة الأمطار من ناحية، وانخفاض التربة عن بقية المحيط الجغرافي القريب منها من ناحية أخرى، وعلى ذلك يكون الوصول إليها هبوطًا من علٍ.

وربطت الدراسة ما سبق ذكره، بطبيعة النشاط البشري في هذه المنطقة، الذي بدأ منذ حقب موغلة في القدم، حيث كانت هذه المنطقة مكانًا موسميًّا

للنشاط البحري للصيادين الجوالين، وبعض الرعاة الرَّحالة الذين كانوا يستثمرون فترة الجزر التي ينحسر خلالها الماء عن سطح الشاطئ القطري، مُخلفًا كمًّا كبيرًا من الثروات البحرية التي تلتقطها أيدي هؤلاء الرَّحالة للاستفادة منها في عدد من الأنشطة التجارية والصناعية المعتمدة على هذه الثروة البحرية، فضلًا عما توفره مياه الأمطار من فرصة للاستقرار الموسمي للرعاة الرَّحالة.

وتتبعت الدراسة تاريخ كلمة «قطر» الذي ورد في المصادر اليونانية والرومانية والمسيحية، ثم العربية، سواء قبل الإسلام أو بعده.

ومن خلال هذه المصادر تأكدت لنا شهرة هذا الاسم بين الأمم منذ حقب تاريخية موغلة في القدم، وأنه ليس مرتبطًا بشخصيات ظهرت في القرن السادس الميلادي كما طرح البعض بصورة شديدة التسفيه والسطحية.

كما تناولت الدراسة دلالات المصطلح من الناحيتين اللغوية والتاريخية، وبعض المصطلحات أو الأسماء الأخرى التي استخدمت للإشارة إلى هذه الرقعة الجغرافية التي نتحدث عنها، والتي تقع ضمن إطار الساحل الشرقي لشبه الجزيرة العربية، وخصوصًا مصطلح «البحرين» الذي يشير إلى الساحل الشرقي كاملًا، والذي أُطلق أحيانًا على المساحة الممتدة من حدود البصرة وحتى عُمان، وحمل دلالة خاصة لدى بعض المؤرخين الذين أشاروا من خلاله إلى مساحة جغرافية محدودة جدًّا. ومن ثَمَّ، فقد أُشير إلى قطر أحيانًا تحت اسم «البحرين»، حين كان يُستخدم هذا المصطلح بمعناه العام المشار إليه.

وتطرَّقت الدراسة إلى الحقب التاريخية التي مرت بها قطر منذ 5000 عام قبل الميلاد، وعلاقتها بالحضارات الموجودة آنذاك، على غرار الحضارات

الرومانية والآشورية والعبيدية، وعلاقتها بالوركاء وسلالة لجش وبلاد الرافدين والهند والكيشيين.

ثم شرعت الدراسة في الحديث عن العلاقة مع ساكني شبه الجزيرة العربية منذ عصور ما قبل الميلاد، وطبيعة الأوضاع السياسية آنذاك، والوضع الديني كذلك، حتى وصلت إلى عصر الإسلام، ودخول قطر تحت لواء دين الله، وآخر الرسالات السماوية، وكيف أضحت قاعدة حربية للدولة الإسلامية اليافعة، ونواة القوة البحرية الإسلامية، وقاعدة إمداد الجيش الإسلامي، وكيف ساهمت بقوة في حركة الفتوحات الإسلامية.

وتناولت الدراسة حقبة الخلافة الأموية، ثم العباسية، وما شهدته هاتان الحقبتان من حركات سياسية، ودور قطر فيها، فضلًا عن مكانتها الاقتصادية داخل دولة الخلافة.

وهذا ما دفع الدراسة إلى أن تتجه في الفصل الثالث إلى مناقشة القدرات الاقتصادية التي تمتعت بها قطر، سواء في المجال الزراعي، أو الثروة الحيوانية، أو مجال التجارة، ثم مجال الصناعة وتطورها، وصولًا إلى الطرق التجارية، وكيف توفرت لقطر شبكة من الطرق، خصوصًا البحرية، مكَّنتها من التواصل التجاري مع جميع الأسواق الرائجة آنذاك، سواء في المنطقة العربية أو الهند والصين وإفريقيا.

ومن خلال هذه الدراسة حاولنا تسليط الضوء على الدور المهم الذي لعبه هذا الوطن العزيز داخل محيطه العربي والإسلامي، وداخل منظومة العمل الحضاري الإنساني بوجه عام.

ونسأل الله سبحانه أن نكون قد وُفقنا في تسجيل شهادة حق للتاريخ، لننصف من خلالها وطنًا كان ولا يزال وسيظل - بمشيئة الله وقدرته - يحمل الخير والأمن والسلام إلى كل من ينتمي إليه، أو يرتبط به برابطة الأخوة، سواء كانت دينية، أو عرقية، أو إنسانية.

وعلى الله قصد السبيل.

قائمة المصادر والمراجع

أولًا: المصادر

❖ ابن الأثير، عز الدين أبو الحسن علي بن محمد الشيباني (ت: 630هـ/ 1233م).

1. الكامل في التاريخ، تحقيق: عمر عبد السلام تدمري، دار الكتاب العربي - بيروت، الطبعة الأولى، 1417هـ/ 1997م.

❖ الأحسائي، محمد بن عبد الله بن عبد المحسن.

2. تحفة المستفيد في تاريخ الأحساء في القديم والجديد، تعليق: حمد الجاسر، مكتبة الأحساء الأهلية - الأحساء، الطبعة الثانية، 1402هـ/ 1982م.

❖ الإدريسي، محمد بن محمد بن عبد الله بن إدريس الحسني الطالبي (ت: 560هـ/ 1165م).

3. نزهة المشتاق في اختراق الآفاق، عالم الكتب - بيروت، الطبعة الثانية، 1409هـ.

❖ الأزهري، أبو منصور محمد بن أحمد (ت: 370هـ/ 980م).

4. تهذيب اللغة، تحقيق: محمد عوض مرعب، دار إحياء التراث العربي - بيروت.

5. الزاهر في غريب ألفاظ الشافعي، تحقيق: محمد جبر الألفي، وزارة الأوقاف والشؤون الإسلامية - الكويت، الطبعة الأولى، 1399هـ.

❖ الأصبهاني، أبو القاسم عبد الرحمن بن محمد بن إسحاق (ت: 470هـ/ 1078م).

6. المستَخرج من كُتب الناس للتذكرة والمستطرف من أحوال الرِّجال للمعرفة، تحقيق: عامر حسن صبري التميمي، وزارة العدل والشؤون الإسلامية - البحرين.

❖ الإصطخري، أبو إسحاق إبراهيم بن محمد الفارسي (ت: 346هـ/ 957م).

7. المسالك والممالك، دار صادر - بيروت.

❖ الأصفهاني، الحسن بن عبد الله (ت نحو: 310هـ/ 923م).

8. بلاد العرب، تحقيق: حمد الجاسر وصالح العلي، دار اليمامة للنشر والتوزيع - الرياض، الطبعة الأولى، 1388هـ/ 1968م.

❖ بامخرمة، أبو محمد الطيب بن عبد الله بن أحمد (ت: 947هـ/ 1540م).

9. تاريخ ثغر عدن، تحقيق: أوسكر لوفجرين، دار التنوير - بيروت، الطبعة الثانية، 1407هـ/ 1986م.

❖ ابن بصا، أبو عبد الله محمد بن إبراهيم (ت: 499هـ/ 1105م).

10. كتاب الفلاحة، تحقيق: خوشيه ماريا تطوان، 1955م.

❖ ابن بطوطة، أبو عبد الله محمد بن عبد الله بن محمد بن إبراهيم اللواتي الطنجي (ت: 779هـ/ 1377م).

11. تحفة النظار في غرائب الأمصار وعجائب الأسفار المعروف بـ«رحلة ابن بطوطة»، أكاديمية المملكة المغربية - الرباط، 1417هـ.

❖ البغدادي، صفي الدين عبد المؤمن بن عبد الحق القطيعي الحنبلي (ت: 739هـ/ 1338م).

12. مراصد الاطلاع على أسماء الأمكنة والبقاع، دار الجيل - بيروت، الطبعة الأولى، 1412هـ.

❖ البغوي، الحسين بن مسعود (ت: 516هـ/ 1122م).

13. شرح السنة، تحقيق: شعيب الأرناؤوط ومحمد زهير الشاويش، المكتب الإسلامي - دمشق/ بيروت، الطبعة الثانية، 1403هـ/ 1983م.

- البكري، أبو عبيد عبد الله بن عبد العزيز بن محمد الأندلسي (ت: 487هـ/ 1094م).
14. المسالك والممالك، دار الغرب الإسلامي، 1992م.
15. معجم ما استعجم من أسماء البلاد والمواضع، عالم الكتب - بيروت، الطبعة الثالثة، 1403هـ.
- البلاذري، أحمد بن يحيى بن جابر بن داود (ت: 279هـ/ 892).
16. أنساب الأشراف، تحقيق: سهيل زكار ورياض الزركلي، دار الفكر - بيروت، الطبعة الأولى، 1417هـ/ 1996م.
17. فتوح البلدان، دار ومكتبة الهلال - بيروت، 1988م.
- التاجر سليمان (ت بعد: 237هـ/ 851م).
18. أخبار الصين، تحقيق: عبد الله محمد الحبشي، المجمع الثقافي - أبو ظبي، 1419هـ، 1999م.
- التطيلي، الرابي بنيامين بن الرابي يونة التطيلي النباري الإسباني (ت: 569هـ/ 1173م).
19. رحلة بنيامين التطيلي، المجمع الثقافي - أبو ظبي، الطبعة الأولى، 2002م.
- ابن جبير، أبو الحسين محمد بن أحمد بن جبير الكناني الأندلسي (ت: 614هـ/ 1217م).
20. رحلة ابن جبير، دار بيروت للطباعة والنشر - بيروت، الطبعة الأولى.
- ابن الجوزي، أبو الفرج عبد الرحمن بن علي بن محمد (ت: 597هـ/ 1201م).
21. صفة الصفوة، تحقيق: محمود فاخوري ومحمد رواس قلعه جي، دار المعرفة - بيروت، الطبعة الثانية، 1399هـ/ 1979م.
- ابن الجوزي، شمس الدين أبو المظفر يوسف بن قزأوغلي بن عبد الله (ت: 654هـ/ 1256م).

22. مرآة الزمان في تواريخ الأعيان، تحقيق وتعليق: محمد بركات وآخرون، دار الرسالة العالمية - دمشق، الطبعة الأولى، 1434هـ/ 2013م.

- الحازمي، زين الدين أبو بكر محمد بن موسى بن عثمان الهمداني (ت: 584هـ/ 1188م).

23. الأماكن أو ما اتفق لفظه وافترق مسماه من الأمكنة، تحقيق: حمد بن محمد الجاسر، دار اليمامة للبحث والترجمة والنشر، 1415هـ.

- الحاكم، أبو عبد الله الحاكم (ت: 405هـ/ 1014م).

24. المستدرك على الصحيحين، الطبعة الأولى، 1427هـ.

- ابن حبيب، محمد (ت: 245هـ/ 860م).

25. المحبر، تحقيق: إيلزه ليختن شتيتر، دار الآفاق الجديدة - بيروت.

- ابن حجر العسقلاني، شهاب الدين أبو الفضل أحمد بن علي بن محمد (ت: 852هـ/ 1449م).

26. الإصابة في تمييز الصحابة، تحقيق: عادل أحمد عبد الموجود وعلي محمد معوض، دار الكتب العلمية - بيروت، الطبعة الأولى، 1415هـ.

- الحربي، إبراهيم بن إسحاق (ت: 285هـ/ 898م).

27. المناسك وأماكن طرق الحج، تحقيق: حمد الجاسر، دار اليمامة للبحث والترجمة والنشر - الرياض، الطبعة الثانية، 1401هـ/ 1981م.

- ابن حزم، أبو محمد علي بن أحمد بن سعيد بن حزم الأندلسي (ت: 456هـ/ 1064م).

28. جمهرة أنساب العرب، دار الكتب العلمية - بيروت، الطبعة الثالثة، 1424هـ/ 2003م.

- الحميري، أبو عبد الله محمد بن عبد الله بن عبد المنعم (ت: 900هـ/ 1494م).

29. الروض المعطار في خبر الأقطار، تحقيق: إحسان عباس، مؤسسة ناصر للثقافة (طبع على مطابع دار السراج) - بيروت، الطبعة الثانية، 1980م.

- ابن حنبل، أحمد بن حنبل أبو عبد الله الشيباني (ت: 241هـ/ 855م).
30. مسند الإمام أحمد بن حنبل، مؤسسة قرطبة – القاهرة.
- ابن حوقل، أبو القاسم محمد بن حوقل البغدادي الموصلي (ت بعد: 367هـ/ 977م).
31. صورة الأرض، دار صادر – أفست ليدن (بيروت)، 1938م.
- ابن خرداذبه، أبو القاسم عبيد الله بن عبد الله (ت نحو: 280هـ/ 892م).
32. المسالك والممالك، دار صادر – بيروت، 1889م.
- ابن خلكان، أبو العباس شمس الدين أحمد بن محمد بن أبي بكر (ت: 681هـ/ 1282م).
33. وفيات الأعيان وأنباء أبناء الزمان، تحقيق: إحسان عباس، دار صادر – بيروت، الطبعة الأولى.
- خليفة بن خياط، أبو عمر خليفة بن خياط الليثي العصفري (ت: 240هـ/ 854م).
34. كتاب الطبقات، دراسة وتحقيق: سهيل زكار، دار الفكر.
- الخوارزمي، برهان الدين أبو الفتح ناصر بن عبد السيد أبي المكارم بن علي المطرزي (ت: 610هـ/ 1213م).
35. كتاب المغرب، دار الكتاب العربي.
- أبو داود، سليمان بن الأشعث السجستاني (ت: 275هـ/ 888م).
36. مسند أبي داود، دار هجر – مصر، الطبعة الأولى، 1419هـ / 1999م.
- ابن دريد، أبو بكر محمد بن الحسن بن دريد الأزدي (ت: 321هـ/ 933م).
37. الاشتقاق، تحقيق وشرح: عبد السلام محمد هارون، دار الجيل – بيروت، الطبعة الأولى، 1411هـ/ 1991م.
- الدمشقي، الإمام محمد بن طولون.

38. إعلام السائلين عن كتب سيد المرسلين ﷺ، تحقيق: محمود الأرناؤوط، مؤسسة الرسالة - بيروت، الطبعة الثانية، 1407هـ/ 1987م.

❖ الذهبي، الإمام شمس الدين محمد بن أحمد بن عثمان (ت: 748هـ/ 1374م).

39. تاريخ الإسلام ووفيات المشاهير والأعلام، تحقيق: عمر عبد السلام تدمري، دار الكتاب العربي - بيروت، الطبعة الأولى، 1407هـ/ 1987م.

40. سير أعلام النبلاء، تحقيق: شعيب الأرناؤوط، مؤسسة الرسالة.

❖ الرازي، محمد بن أبي بكر بن عبد القادر (ت: 660هـ/ 1261م).

41. مختار الصِّحاح، تحقيق: محمود خاطر، مكتبة لبنان ناشرون - بيروت، 1415هـ/ 1995م.

❖ الراعي النميري، أبو جندل عُبَيد بن حُصين (ت: 90هـ/ 709م).

42. ديوان الراعي النميري، ت: راينهرت فايبرت، المعهد الألماني للأبحاث الشرقية - بيروت، 1401هـ/ 1980م.

❖ الرامهرمزي، بزرك (ت بعد: 342هـ/ 953م).

43. عجائب الهند بره وبحره وجزائره، تحقيق: عبد الله محمد الحبشي، المجمع الثقافي - أبو ظبي، الطبعة الأولى، 1421هـ/ 2000م.

❖ ابن رسته، أبو علي أحمد بن عمر (ت بعد: 290هـ/ 903م).

44. الأعلاق النفيسة، بريل - ليدن، 1981م.

❖ الزمخشري، جار الله أبو القاسم محمود بن عمرو بن أحمد (ت: 538هـ/ 1143م).

45. الجبال والأمكنة والمياه، تحقيق: أحمد عبد التواب عوض، دار الفضيلة للنشر والتوزيع - القاهرة، 1319هـ/ 1999م.

❖ السخاوي، شمس الدين أبو الخير محمد بن عبد الرحمن بن محمد بن أبي بكر بن عثمان بن محمد (ت: 902هـ/ 1496م).

46. الضوء اللامع لأهل القرن التاسع، منشورات دار مكتبة الحياة - بيروت.
- ابن سعد، أبو عبد الله محمد بن سعد بن منيع الهاشمي البصري البغدادي (ت: 230هـ/ 844م).
47. الطبقات الكبرى: المعروف بـ«طبقات ابن سعد»، تحقيق: إحسان عباس، دار صادر - بيروت، الطبعة الأولى، 1968م.
- ابن سلَّام، أبو عبد الله محمد بن سلَّام بن عبيد الله الجمحي (ت: 232هـ/ 786م).
48. طبقات فحول الشعراء، تحقيق: محمود محمد شاكر، دار المدني - جدة.
- سليمان المهري، سليمان بن أحمد بن سليمان (ت: 961هـ/ 1554م).
49. العلوم البحرية عند العرب (رسالة قلادة الشموس واستخراج قواعد الأسوس وتحفة الفحول في تمهيد الأصول في أصول البحر)، تحقيق: إبراهيم خوري، 1391هـ/ 1971م.
- ابن سيد الناس، أبو الفتح فتح الدين محمد بن محمد بن محمد بن أحمد (ت: 734هـ/ 1268م).
50. عيون الأثر في فنون المغازي والشمائل والسير، تعليق: إبراهيم محمد رمضان، دار القلم - بيروت، الطبعة الأولى، 1414هـ/ 1993م.
- السيرافي، أبو زيد حسن بن يزيد السيرافي (ت بعد: 330هـ/ 935م).
51. أخبار الصين والهند، تحقيق: إبراهيم الخوري، دار الموسم للإعلام - بيروت، الطبعة الأولى، 1411هـ/ 1991م.
52. رحلة السيرافي، المجمع الثقافي - أبو ظبي، 1999م.
- السيوطي، الحافظ جلال الدين عبد الرحمن بن أبي بكر (911هـ/ 1505م).
53. بغية الوعاة في طبقات اللغويين والنحاة، تحقيق: محمد أبو الفضل إبراهيم، المكتبة العصرية.

- ابن شاهين، عبد الباسط بن خليل المليطي (ت: 920هـ/ 1514م).
54. المَجمع المُفنن بالمعجم المُعَنوَن، تحقيق: عبد الله محمد الكندري، دار البشائر الإسلامية - بيروت، الطبعة الأولى، 1403هـ/ 1983م.

- الطبري، أبو جعفر محمد بن جرير (ت: 310هـ/ 923م).
55. تاريخ الأمم والملوك المعروف بـ«تاريخ الطبري»، دار التراث - بيروت، الطبعة الثانية، 1387هـ .

- العزيزي، الحسن بن أحمد المهلبي (ت: 380هـ/ 990م).
56. المسالك والممالك، جمعه وعلق عليه ووضع حواشيه: تيسير خلف.

- العصامي، عبد الملك بن حسين بن عبد الملك العصامي المكي (ت: 1111هـ/ 1699م).
57. سمط النجوم العوالي في أنباء الأوائل والتوالي، تحقيق: عادل أحمد عبد الموجود وعلي محمد معوض، دار الكتب العلمية - بيروت، الطبعة الأولى، 1419هـ/ 1998م.

- أبو الفداء، إسماعيل بن محمد (ت: 732هـ/ 1332م).
58. تقويم البلدان، تحقيق: رينود ماك كوكين ديسلان، دار الطباعة السلطانية - باريس، 1840م.

- ابن فضل الله العمري، شهاب الدين أحمد بن يحيى بن فضل الله القرشي العدوي العمري (ت: 749هـ/ 1348م).
59. مسالك الأبصار في ممالك الأمصار، ممالك المسلمين بالحبشة والأندلس، تحقيق: مصطفى أبو ضيف أحمد، مكتبة الآمالي - الرباط، الطبعة الأولى، 1409هـ/ 1988م.

- ابن الفقيه، أحمد بن محمد بن إسحاق الهمذاني (ت: 365هـ/ 975م).
60. مختصر كتاب البلدان، ليدن، 1985م.

❖ الفيروز آبادي، العلامة اللغوي مجد الدين محمد بن يعقوب (ت: 817هـ/ 1414م).

61. القاموس المحيط، تحقيق: مكتب تحقيق التراث في مؤسسة الرسالة، إشراف: محمد نعيم العرقسوسي، مؤسسة الرسالة للطباعة والنشر والتوزيع - بيروت، الطبعة الثامنة، 1426هـ/ 2005م.

❖ ابن قتيبة، أبو محمد عبد الله بن مسلم بن قتيبة الدينوري (ت: 276هـ/ 889م).

62. عيون الأخبار، دار الكتب العلمية - بيروت، 1418هـ.

63. المعارف، تحقيق: ثروت عكاشة، الهيئة المصرية العامة للكتاب - القاهرة، الطبعة الثانية، 1992م.

❖ القرطبي، أبو عمر يوسف بن عبد الله بن محمد بن عبد البر بن عاصم النمري (ت: 463هـ/ 1071م).

64. الإنباه على قبائل الرواة، تحقيق: إبراهيم الإبياري، دار الكتاب العربي - بيروت، الطبعة الأولى، 1405هـ/ 1985م.

❖ القزويني، زكريا بن محمد بن محمود القزويني (ت: 682هـ/ 1283م).

65. آثار البلاد وأخبار العباد، دار صادر - بيروت.

❖ القلقشندي، أبو العباس أحمد بن علي (ت: 821هـ/ 1418م).

66. قلائد الجمان في التعريف بقبائل عرب الزمان، تحقيق: إبراهيم الإبياري، دار الكتاب المصري/ دار الكتاب اللبناني، الطبعة الثانية، 1402هـ/ 1982م.

67. نهاية الأرب في معرفة أنساب العرب، تحقيق: إبراهيم الإبياري، دار الكتاب اللبناني - بيروت، الطبعة الثانية، 1400هـ/ 1980م.

❖ ابن كثير، أبو الفداء إسماعيل بن عمر بن كثير القرشي البصري ثم الدمشقي (ت: 774هـ/ 1373م).

68. البداية والنهاية، تحقيق: عبد الله بن عبد المحسن التركي، دار هجر للطباعة والنشر والتوزيع والإعلان، الطبعة الأولى، 1418هـ/ 1997م.

❖ كراع النمل، أبو الحسن علي بن الحسن الهُنائي الأزدي (ت بعد: 309هـ/ 922م).

69. المنجد في اللغة (أقدم معجم شامل للمشترك اللفظي)، تحقيق: أحمد مختار عمر وضاحي عبد الباقي، عالم الكتب - القاهرة، الطبعة الثانية، 1988م.

❖ الكلاعي، أبو الربيع سليمان بن موسى الكلاعي الأندلسي (ت: 634هـ/ 1236م).

70. الاكتفاء بما تضمنه من مغازي رسول الله والثلاثة الخلفاء، تحقيق: محمد كمال الدين عز الدين علي، عالم الكتب - بيروت، الطبعة الأولى، 1417هـ.

❖ ابن ماجد، أحمد بن ماجد (ت: 906هـ/ 1500م).

71. الفوائد في معرفة علم البحر والقواعد، مخطوطة الكونغرس، رقم 2008401696.

❖ ابن ماسويه، يحيى (ت: 243هـ/ 857م).

72. الجواهر وصفاتها، تحقيق: عماد عبد السلام - مصر 1977م.

❖ المبرد، أبو العباس محمد بن يزيد المبرد (ت: 285هـ/ 898م).

73. الكامل في اللغة والأدب، تحقيق: محمد أبو الفضل إبراهيم، دار الفكر العربي - القاهرة، الطبعة الثالثة، 1417هـ/ 1997م.

❖ ابن المجاور، جمال الدين أبو الفتح يوسف بن يعقوب بن محمد (ت بعد: 626هـ/ 1228م).

74. صفة بلاد اليمن ومكة وبعض الحجاز المسماة «تاريخ المستبصر»، اعتنى بتصحيحها: أوسكر لوفجرين، دار التنوير، الطبعة الثانية، بيروت، 1407هـ/ 1986م.

- ❖ مجهول.
75. تاريخ أهل عُمان، تحقيق: سعيد عبد الفتاح عاشور، القاهرة، الطبعة الثانية، 1406هـ/ 1986م.

- ❖ مجهول.
76. قصص وأخبار جرت في عُمان، تحقيق: عبد المنعم عامر، مطابع سجل العرب - القاهرة، الطبعة الثانية، 1403هـ/ 1983م.

- ❖ المديني، أبو موسى محمد بن عمر بن أحمد بن عمر بن محمد الأصبهاني (ت: 581هـ/ 1185م).
77. المجموع المغيث في غريبي القرآن والحديث، تحقيق: عبد الكريم العزباوي، مركز البحث العلمي وإحياء التراث الإسلامي، كلية الشريعة والدراسات الإسلامية - مكة المكرمة/ دار المدني للطباعة والنشر والتوزيع - جدة، الطبعة الأولى، 1408هـ/ 1988م.

- ❖ مرتضى الزبيدي، أبو الفيض الحسيني أبو محمد بن محمد بن عبد الرزاق (ت: 1205هـ/ 1790م).
78. تاج العروس من جواهر القاموس، تحقيق: مجموعة من المحققين، دار الهداية.

- ❖ المسعودي، علي بن الحسين (ت: 346هـ/ 957م).
79. أخبار الزمان، دار الأندلس للطباعة والنشر - بيروت، الطبعة الخامسة، 1403هـ/ 1983م.
80. مروج الذهب ومعادن الجوهر، تحقيق: محمد محيي الدين عبد الحميد، دار الفكر - بيروت، الطبعة الخامسة، 1393هـ/ 1973م.

- ❖ ابن مسكويه، أبو علي أحمد بن محمد بن يعقوب مسكويه (ت: 421هـ/ 1030م).

81. تجارب الأمم وتعاقب الهمم، تحقيق: أبو القاسم إمامي، سروش - طهران، الطبعة الثانية، 2000م.

❖ المقدسي، شمس الدين بن أحمد أبو عبد الله البشاري (ت: 390هـ/ 1000م).

82. أحسن التقاسيم في معرفة الأقاليم، دار صادر - بيروت/ مكتبة مدبولي - القاهرة، الطبعة الثالثة، 1411هـ/ 1991م.

❖ المقريزي، تقي الدين أحمد بن علي بن عبد القادر (ت: 845هـ/ 1441م).

83. المواعظ والاعتبار بذكر الخطط والآثار، دار الكتب العلمية - بيروت، الطبعة الأولى، 1418هـ.

84. الملك المظفر، يوسف بن عمر بن علي بن رسول (ت: 694هـ/ 1294م).

85. المعتمد في الأدوية المفردة، تحقيق وتصحيح وفهرسة: مصطفى السقاء، دار القلم، 1421هـ/ 2000م.

❖ ابن منظور، أبو الفضل، جمال الدين محمد بن مكرم بن علي بن منظور الأنصاري الرويفعي الإفريقي (ت: 711هـ/ 1311م).

86. لسان العرب، دار صادر - بيروت، الطبعة الأولى، 1414هـ.

❖ ناصر خسرو، أبو معين الدين ناصر خسرو الحكيم القبادياني المروزي (ت: 481هـ/ 1088م).

87. سفر نامة، تحقيق: يحيى الخشاب، دار الكتاب الجديد - بيروت، الطبعة الثالثة، 1983م.

❖ ابن الوردي، سراج الدين أبو حفص عمر بن المظفر بن الوردي البكري القرشي المعري ثم الحلبي (ت: 852هـ/ 1449م).

88. خريدة العجائب وفريدة الغرائب، تحقيق: أنور محمود زناتي، مكتبة الثقافة الإسلامية - القاهرة، الطبعة الأولى، 1428هـ/ 2008م.

- ❖ ابن هشام، أبو محمد عبد الملك بن هشام بن أيوب الحميري المعافري (ت: 218هـ/ 833م).
89. السيرة النبوية، تحقيق: طه عبد الرؤوف سعد، دار الجيل – بيروت، الطبعة الأولى، 1411هـ.
- ❖ الهمداني، أبو محمد الحسن بن أحمد بن يعقوب بن يوسف (ت: 360هـ/ 970م).
90. كتاب الجوهرتين العتيقتين المائعتين الصفراء والبيضاء، تحقيق: حمد الجاسر، دار اليمامة للنشر والتوزيع – الرياض، الطبعة الأولى، 1408هـ/ 1987م.
91. صفة جزيرة العرب، مطبعة بريل – ليدن، 1884م.
- ❖ ياقوت الحموي، شهاب الدين أبو عبد الله ياقوت بن عبد الله (ت: 626هـ/ 1229م).
92. معجم البلدان، دار صادر – بيروت، الطبعة الثانية، 1995م.
- ❖ ياقوت الحموي، محمد بن ياقوت (ت بعد: 723هـ/ 1323م).
93. المشترك وضعًا والمفترق صقعًا، عالم الكتب – بيروت، الطبعة الثانية، 1406هـ/ 1986م.
- ❖ اليعقوبي، أبو يعقوب أحمد بن إسحاق بن جعفر بن وهب بن واضح (ت بعد: 292هـ/ 905م).
94. البلدان، دار الكتب العلمية – بيروت، الطبعة الأولى، 1422هـ.

ثانيًا: المراجع
- • الكتب الغربية والمعربة
- ❖ الأب ألبير أبونا.
95. تاريخ الكنيسة الشرقية، بغداد، الطبعة الثانية، 1985م.
- ❖ إبراهيم مصطفى وأحمد الزيات وحامد عبد القادر ومحمد النجار.

96. المعجم الوسيط، تحقيق: مجمع اللغة العربية، دار الدعوة.
- ❖ الأحمدي، سامي سعيد.
97. تاريخ الخليج العربي من أقدم الأزمنة وحتى التحرير العربي، جامعة البصرة - البصرة، 1985م.
- ❖ الأعظمي، عواد مجيد وحمدان الكبيسي.
98. دراسات في الاقتصاد العربي الإسلامي، مطبعة التعليم العالي - بغداد، 1988م.
- ❖ الأعظمي، محمد مصطفى.
99. كتاب النبي ﷺ، المكتب الإسلامي، 1401هـ/ 1981م.
- ❖ الآلوسي، عادل محيي الدين.
100. تجارة العراق البحرية مع إندونيسيا حتى أواخر القرن السابع الهجري/ أواخر القرن الثالث عشر الميلادي، دار الشؤون الثقافية والنشر - بغداد، 1984م.
- ❖ أوجين تيسران.
101. خلاصة تاريخية للكنيسة الكلدانية، ترجمة: سليمان صائغ، الموصل، 1939م.
- ❖ أوسي، إسماعيل شيخي.
102. «التجارة بين دول الشرق القديم خلال العصور البرونزية»، مجلة كلية التربية الأساسية للعلوم التربوية والإنسانية - جامعة بابل، العدد (38)، 2018م.
- ❖ إيان جيلمان وهانز يواكيم كليمت (Gillman؛ Ian، Klimkeit، Hans-Joachim).
103. مسيحيون في آسيا قبل عام 1500 (Christians in Asia Before 1500)، جامعة ميشيغان (University of Michigan PreS)، 1999م.
- ❖ البدر، سليمان سعدون.

104. منطقة الخليج العربي خلال الألفين الرابع والثالث قبل الميلاد، مطبعة حكومة الكويت – الكويت، 1974م.
- ❖ توما المرجي.
105. كتاب الرؤساء، ترجمة: الأب ألبير أبونا، الموصل، 1966م.
- ❖ الجاسر، حمد بن محمد.
106. المعجم الجغرافي للبلاد العربية السعودية، دار اليمامة للبحث والترجمة والنشر – الرياض، الطبعة الأولى، 1397هـ/ 1977م.
- ❖ جواد علي.
107. المفصل في تاريخ العرب قبل الإسلام، دار الساقي، الطبعة الرابعة، 1422هـ/ 2001م.
108. «الخليج عند اليونان واللاتين»، مجلة المؤرخ العربي، مركز دراسات الخليج العربي، جامعة البصرة – البصرة، العدد (12)، 1980م.
- ❖ أبو حاكمة، أحمد مصطفى.
109. «صفحات مطوية من تاريخ الخليج والجزيرة العربية»، مجلة الدوحة، 1976م.
- ❖ الحتروشي، سالم بن مبارك.
110. «الخصائص الجغرافية لمحافظة ظفار»، حصاد ندوة ظفار عبر التاريخ، الفترة من 17-19 جمادى الآخرة 1418هـ/ 19- 21 أكتوبر 1997م، 1420هـ/ 2000م.
- ❖ الحريبي، عاتق بن غيث بن زوير البلادي.
111. المعالم الجغرافية الواردة في السيرة النبوية، (بدون معلومات).
- ❖ حسن إبراهيم.
112. تاريخ الإسلام السياسي والديني والثقافي والاجتماعي، دار النهضة المصرية – القاهرة، 1968م.
- ❖ حسنين، محمد ربيع وليلى عبد الجواد إسماعيل.

113. تاريخ مملكة هرمز منذ قيامها حتى سقوطها سنة 1622م، 1998م.

- حسين أمين.

114. «دراسات تاريخية للخليج العربي»، مجلة المؤرخ العربي، مركز دراسات الخليج العربي، جامعة البصرة - البصرة، العدد (12)، 1980م.

- حسين علي.

115. تجارة العراق في العصر العباسي، الكويت، 1402هـ/ 1982م.

116. الحميدان، عبد اللطيف الناصر.

117. «إمارة العصفوريين ودورها السياسي في شرق الجزيرة العربية»، مجلة كلية الآداب، جامعة البصرة - البصرة، العدد (15)، 1979م.

118. «التاريخ السياسي لإمارة الجبور في نجد وشرق الجزيرة العربية»، مجلة كلية الآداب، جامعة البصرة - البصرة، العدد (16)، السنة 14، 1980م.

119. «مكانة السلطان أجود بن زامل الجبري في شبه الجزيرة العربية»، مجلة الدارة، العدد (14)، السنة 7، 1982هـ.

- حوراني، جورج.

120. العرب والملاحة في المحيط الهندي في العصور القديمة وأوائل العصور الوسطى، ترجمة: السيد يعقوب بكر، مراجعة: يحيى الخشاب، الأنجلو المصرية، 1958م.

- الخالدي، خالد بن عزام بن حمد.

121. السلطنة الجبرية في نجد وشبه الجزيرة العربية، الدار العربية للموسوعات، 2010م.

- خوري، إبراهيم وأحمد جلال التدمري.

122. سلطنة هرمز العربية: سيطرة سلطنة هرمز العربية على الخليج العربي، مركز الدراسات والوثائق - رأس الخيمة، الطبعة الأولى، 1420هـ/ 1999م.

❖ الخيرو، رمزية عبد الوهاب.

123. تجارة الخليج العربي وآثارها في الحياة الاقتصادية في منطقة الخليج العربي والعراق منذ صدر الإسلام حتى نهاية القرن الرابع الهجري، دار الشؤون الثقافية العامة – بغداد، الطبعة الأولى، 1407هـ/ 1987م.

❖ رُبرت هُيلَنْد.

124. تاريخ العرب في جزيرة العرب من العصر البرونزي إلى صدر الإسلام 3200 ق.م-630م، ترجمة: عدنان حسن، شركة قدمس – بيروت، الطبعة الأولى، 2010م.

❖ الزركلي، خير الدين بن محمود بن محمد بن علي بن فارس الدمشقي.

125. الأعلام، دار العلم للملايين، الطبعة الخامسة عشرة، 2002م.

❖ زنيبر، محمد.

126. «صفحات من التضامن القومي بين المحيط والخليج»، بحث مقدم إلى مؤتمر تاريخ شرق الجزيرة العربية، الدوحة، المنعقد في 21-28 مارس 1976م، منشور ضمن كتاب اتحاد المؤرخين العرب، لجنة تدوين تاريخ قطر.

❖ السامر، فيصل.

127. الأصول التاريخية للحضارة العربية الإسلامية في الشرق الأقصى، بغداد، 1977م.

❖ السليمان، علي بن إبراهيم.

128. «الأحساء في فترة النفوذ البرتغالي»، اللقاء العلمي التاسع، الأحساء 27-29 صفر 1427هـ.

❖ الشامي، أحمد.

129. «العلاقات التجارية بين دول الخليج وبلدان الشرق الأقصى وأثر ذلك في بعض الجوانب الحضارية في العصور الوسطى»، مجلة

المؤرخ العربي، مركز دراسات الخليج العربي، جامعة البصرة - البصرة، العدد (12)، 1980م.

❖ شُرَّاب، محمد بن محمد حسن.

130. المعالم الأثرية في السنة والسيرة، دار القلم/ الدار الشامية - دمشق/ بيروت، الطبعة الأولى، 1411هـ.

❖ الشرعان، نايف بن عبد الله.

131. نقود الدولة العيونية في بلاد البحرين، مركز الملك فيصل للبحوث والدراسات الإسلامية - الرياض، 1423هـ/ 2002م.

❖ الشمري، هزاع بن عيد.

132. «قطري بن الفجاءة: الشاعر الفارس»، مجلة رؤى، العدد (4)، 1999م.

❖ شوقي عبد القوي عثمان.

133. تجارة المحيط الهندي في عصر السيادة الإسلامية (41-904هـ/ 661-1498م)، عالم المعرفة، العدد (151)، 1990م.

❖ شهاب، حسن صالح.

134. «العرب والبحر»، مجلة التراث الشعبي، بغداد، العدد (3-4)، 1979م.

❖ الشيباني، محمد شريف.

135. إمارة قطر العربية بين الماضي والحاضر، دار الثقافة - بيروت، 1382هـ/ 1962م.

❖ الشيخلي، صباح إبراهيم وآخرون.

136. دراسات عن تأريخ الخليج العربي والجزيرة العربية، شعبة الدراسات والعلوم الاجتماعية، جامعة البصرة - البصرة، 1985م.

❖ شيخو، الأب لويس.

137. النصرانية وآدابها بين عرب الجاهلية، مطبعة الآباء اليسوعيين - بيروت، 1912م.

❖ الصيني، بدر الدين حي.

138. العلاقات بين العرب والصين، مكتبة النهضة المصرية - القاهرة، الطبعة الأولى، 1370هـ/ 1950م.
- ❖ طه باقر.
139. مقدمة في تأريخ الحضارات القديمة: وادي الرافدين، بغداد، 1955م.
- ❖ العاني، عبد الرحمن بن عبد الكريم.
140. تاريخ البحرين في العصور الإسلامية الأولى، دار الحكمة - لندن، الطبعة الأولى، 1420هـ/ 1999م.
- ❖ عبد العزيز صالح.
141. الشرق الأدنى القديم، مكتبة الأنجلو المصرية - القاهرة، 1990م.
- ❖ عبد العزيز طريح شرف.
142. المقدمات في الجغرافيا الطبيعية، مركز الإسكندرية للكتاب - الإسكندرية.
- ❖ العراشي، عبد الحكيم محمد ثابت.
143. الجيش في اليمن في عصر الدولة الرسولية (626-858هـ/ 1228-1454م) دراسة تاريخية، دار الوفاق للدراسات والنشر، الطبعة الأولى، 1435هـ/ 2014م.
- ❖ علي بن إبراهيم الحمد النملة.
144. التنصير مفهومه وأهدافه ووسائله وسبل مواجهته، تحقيق: علي بن إبراهيم الحمد النملة، الطبعة الثالثة، 1424هـ/ 2003م.
- ❖ العلي، صالح أحمد.
145. التنظيمات الاجتماعية والاقتصادية في البصرة في القرن الأول الهجري، مطبعة المعارف - بغداد، 1953م.
146. محاضرات في تاريخ العرب، مطبعة الإرشاد - بيروت، الطبعة الثالثة، 1964م.
- ❖ العماري، فضل بن عمار.

147. ابن المقرب وتاريخ الإمارة العيونية في بلاد البحرين، مكتبة التوبة - الرياض.
❖ عمر أبو النصر.
148. سيوف أمية في الحرب والإدارة: الموسوعة التاريخية: العرب والإسلام، المكتبة الأهلية - بيروت، 1963م.
❖ الغزالي، محمد.
149. الفساد السياسي، دار نهضة مصر، الطبعة الأولى.
❖ الغنيم، عبد الله بن يوسف.
150. جزيرة العرب من كتاب المسالك والممالك للبكري، ذات السلاسل - الكويت، الطبعة الأولى، 1397هـ/ 1977م.
❖ الغنيمي، عبد الفتاح.
151. الإسلام والمسلمون في شرق إفريقيا، عالم الكتب - القاهرة، الطبعة الأولى، 1418هـ/ 1998م.
❖ فايد، يوسف عبد المجيد.
152. جغرافية المناخ والنبات، دار النهضة العربية.
❖ فهمي توفيق.
153. «قطر ونواحيها في الجغرافية القديمة: جِرة والخط»، بحث مقدم إلى مؤتمر تاريخ شرق الجزيرة العربية، الدوحة، المنعقد في 21-28 مارس 1976م، منشور ضمن كتاب اتحاد المؤرخين العرب، لجنة تدوين تاريخ قطر.
❖ القلماوي، سهير.
154. أدب الخوارج في العصر الأموي، لجنة التأليف والترجمة والنشر - القاهرة، 1945م.
❖ مجموعة من المؤلفين.
155. الموسوعة العربية العالمية، عمل موسوعي ضخم اعتمد في بعض

أجزائه على النسخة الدولية من دائرة المعارف العالمية (World Book International).

❖ محسن نجم الدين.

156. مختصر تاريخ شبه الجزيرة العربية منذ أقدم العصور حتى منتصف الألف الثاني قبل الميلاد، كلية الآثار، جامعة القاهرة – مصر.

❖ محمد سعيد شكري.

157. الأوضاع القبلية في اليمن منذ بداية العصر الراشدي وحتى الفتنة الكبرى، رسالة ماجستير غير منشورة، جامعة دمشق – دمشق، 1406هـ/ 1986م.

❖ محمد بن عبد الكريم بن عبيد.

158. تخريج الأحاديث المرفوعة المسندة في كتاب التاريخ الكبير للبخاري، مكتبة الرشد – الرياض، الطبعة الأولى، 1420هـ/ 1999م.

❖ محمود شيت خطاب.

159. «الرسالة العسكرية للمسجد الثكنة الأولى»، بحث منشور في مجلة البحوث الإسلامية، التي تصدر عن الرئاسة العامة لإدارات البحوث العلمية والإفتاء والدعوة والإرشاد، مجلد (2).

❖ محمود قمر.

160. دور البحرين في الملاحة والتجارة البحرية من صدر الإسلام حتى سقوط الخلافة العباسية، عين للدراسات والبحوث الإنسانية والاجتماعية – القاهرة، الطبعة الأولى، 1417هـ/ 1997م.

❖ المديرس، عبد الرحمن.

161. الدولة العيونية في بلاد البحرين، رسالة ماجستير غير منشورة، جامعة الملك سعود، 1404هـ/ 1984م.

❖ مرزوق، حسن سعيد.

162. حركة الردة في البحرين، المؤسسة العربية للدراسات والنشر/

بيروت/ مركز الجلاوي للدراسات والبحوث - المنامة، الطبعة الأولى، 2005م.

- ❖ المقحفي، إبراهيم أحمد.
163. معجم البلدان والقبائل اليمنية، دار الكلمة - صنعاء، 1422هـ/ 2002م.
- ❖ مكي، حسن حسين.
164. المنذر بن ساوى العبيدي ملك البحرين (من البصرة إلى عُمان) في الجاهلية والإسلام، أطياف للنشر والتوزيع - السعودية، الطبعة الأولى، 1434هـ/ 2013م.
- ❖ موريتز (Moritz).
165. الجزيرة العربية، دراسات عن الجغرافيا الطبيعية والتاريخية للبلاد (Arabien, Studien zur Physikalischen und Historischen Geographie des Landes)، هانوفر (Hanover)، 1923م.
- ❖ المهري، محمد بن مسلم.
166. «الإمام القلعي»، حصاد ندوة سلسلة من أعلامنا، 27 صفر 1434هـ/ 30 ديسمبر 2012م، بيت الغشام للنشر والترجمة، الطبعة الأولى، 2015م.
- ❖ النقيرة، محمد عبد الله.
167. انتشار الإسلام في شرقي إفريقيا ومناهضة الغرب له، دار المريخ - الرياض، 1982م.
- ❖ الهاشمي، رضا جواد.
168. «المقومات الاقتصادية لمجتمع الخليج العربي القديم»، مجلة النفط والتنمية، دار الثورة - بغداد، العدد (7-8) السنة السادسة، 1981م.
169. «النشاط التجاري القديم في الخليج العربي وآثاره الحضارية»، مركز دراسات الخليج العربي، جامعة البصرة - البصرة، العدد (12)، 1980م.
- ❖ هلال ناجي.

170. «البرهان على ما في شعر الراعي من وهم ونقصان»، مجلة المورد، وزارة الثقافة - بغداد، العدد (3-4)، 1977م.

- **تقارير البعثات**
  - ❖ البعثة الفرنسية.
171. البعثة الفرنسية للآثار في قطر، باريس، 1988م.
  - ❖ بوانسينيون.
172. التقرير السنوي للمسح الأثري بالهند، المكتبة الهندية، 1908م.
  - ❖ بيبي، جيو فري.
173. «أبحاث آثارية في أربع دول عربية»، مجلة «Kum»، الدنمارك، 1965م.
  - ❖ بيتر ماجي (Peter Magee).
174. علم آثار شبه الجزيرة العربية ما قبل التاريخ (TheArchaeology of Prehistoric Arabia)، كامبريدج برس (Cambridge Press)، 2014م.
  - ❖ بياتريس دي كاردي.
175. تقرير البعثة البريطانية عن الآثار في قطر (1973-1974م)، أكسفورد نيويورك: نُشر لمتحف قطر الوطني بواسطة مطبعة جامعة أكسفورد، 1978م.
  - ❖ -
176. تقرير البعثة الدنماركية (غير منشور)، نقلًا عن موقع مروب، 1974م.
  - ❖ جلوب، بي في.
177. «استطلاع في قطر»، مجلة «Kum»، الدنمارك، 1956م.
178. «مكتشفات ما قبل التاريخ في قطر»، مجلة «Kum»، الدنمارك، 1960م.
  - ❖ الصفدي، هشام وآخرون.
179. الدليل الأثري الحضاري لمنطقة الخليج العربي، مكتب التربية

لمجلس التعاون الخليجي - الرياض، 1988م.
❖ فيجيو فيلسن.
180. آثار صوانية من العصر الحجري الوسيط بمنطقة الوسيل في قطر، مجلة «Kum»، الدنمارك، 1961م.
❖ كابل، هولجر.
181. تقرير البعثة الدنماركية للتنقيب عن الآثار في الخليج العربي (قطر)، الدنمارك، 1967م.
❖ المصري، عبد الله حسن.
182. وحدة التاريخ والآثار في التاريخ، الإدارة العامة للمتاحف - الرياض، 1988م.

- **الأدلة الأثرية**

❖ باروخ ستريمان (Baruch Sterman).
183. القصة الرائعة للون الأزرق القديم المفقود في التاريخ وإعادة اكتشافه (The Rarest Blue: and Rediscovered The Remarkable Story of an Ancient Color Lost to History)، ليون (Lyons)، 2012م.
❖ بوتس (Potts).
184. الخليج العربي في العصور القديمة (The Arabian Gulf in Anitquity)، أكسفورد (oxford)، 1990م.
❖ تايلور وفرانسيس (Taylor & Francis).
185. ظهور قطر (The Emergence Of Qatar)، لندن (London)، 2006م.
❖ خليفة، هيارايس، مايكل (Michael& HayaRice &Khalifa).
186. البحرين عبر العصور: الآثار (Bahrain Through the Ages: The Archaeology)، روتليدج (Routledge)، 1986م.
❖ الخليفي، محمد جاسم.

187. المواقع الآثارية: التراث المعماري والمتاحف في قطر، المجلس الوطني للثقافة والفنون والتراث (إدارة المتاحف والآثار) – الدوحة، الطبعة الثالثة، 1424هـ/ 2003م.

❖ الخليفي، محمد جاسم وآخرون.

188. آثار الزبارة ومروب، إدارة المتاحف والآثار – الدوحة، 1987م.

❖ –

189. دليل المواقع الأثرية في دولة قطر، قطاع التراث الثقافي – وحدة السياحة الثقافية.

❖ رؤوف (Raof).

190. الحفريات في المرخ، البحرين: سمكة منتصف الألفية الرابعة قبل الميلاد (Excavations at Al Markh, Bahrain: A fish midden of the fourth millenium B.C)، 1964م.

❖ منير يوسف طه.

191. اكتشاف العصر الحديدي في دولة الإمارات العربية المتحدة، مركز دراسات الخليج العربي – جامعة البصرة، 1989م.

192. آثار رأس أبروق تعيد كتابة التاريخ القطري، صحيفة الراية، الجمعة 24/ 6/ 1429هـ، 27/ 6/ 2008م.

❖ الهاشمي، رضا جواد.

193. آثار الخليج العربي والجزيرة العربية، بغداد، 1984م.